U0932117

Caring

怎能饒恕

二版

策略性牧養輔導

羅伯特·哈維、貝內爾 著
陳永財 譯

基道出版社

▼

Caring 系列

怎能饒恕

策略性牧養輔導

Understanding and Facilitating Forgiveness

作者
羅伯特 · 哈維 Robert W. Harvey
貝內爾 David G. Benner

譯者
陳永財

責任編輯
何敏璇

裝幀設計
郭曉勤

■

出版 / 發行
基道出版社
香港沙田火炭坳背灣街 26 號富騰工業中心 10 樓 1011 室
LOGOS PUBLISHERS
Unit 1011, 10/F., Fo Tan Ind. Centre, 26 Au Pui Wan St., Shatin, Hong Kong
電話：(852) 2687-0331 傳真：(852) 2687-0281
網址：https://www.logos.com.hk

承印
Cre8 Corp

●

12/2004 初版 11/2019 二版 POD 版
Cat. No. LP354-2A
ISBN-10: 962-457-273-9
ISBN-13: 978-962-457-273-5

Originally published in English under the title
Understanding and Facitilating Forgiveness
by Baker Books,
a division of Baker Book House Company,
Grand Rapids, Michigan, 49516, U.S.A.

Printed in Hong Kong

刷次	10	9	8	7	6	5	4	3	2	
年份	2031	2030	2029	2028	2027	2026	2025	2024	2023	2022

目錄

卷二：促成饒恕

前言

策略性牧養輔導簡介

貝內爾

雖然從初期教會開始，提供靈性輔導已經是關顧基督徒心靈一個不可或缺的部分；但當代對牧養輔導的理解和實踐，在很大程度上都是二十世紀的產物。牧養輔導從現代心理治療中發展出來，其方式和取向大部分都源自這類臨牀治療學。這表示牧養輔導員往往視自己為輔導員多於牧者；他們提供的輔導，往往都是生硬地將臨牀輔導模式套用到牧養情景中。這樣往往令牧者或其他事奉人員提供的輔導，在牧養和心理兩個層面上形成很大的張力。而那些對與現代心理治療的神祕時尚，比對自己關顧靈魂的基督教傳統更感興趣的牧養輔導員，往往對自己的牧養角色和身分頗為缺乏安全感。

在二十世紀，心理文化在西方佔有很重要的地位，牧養輔導也在很大程度上從這方面得益；不過頗為明顯的是，這種影響有利也有弊。與過去幾十年相比，當代牧養輔導員的典型做法是，以很多複雜的心理學技巧提供幫助；但他們這樣做時，卻往往沒有覺察到，牧者提供的輔導應該有其獨特之處。基督徒事工的屬靈資源不單得不到足夠的重視，甚至被忽略；而且因為試圖直接將輔導的臨牀模式，套用到牧養情景而產生的張力，也帶來很多挫敗。這是那麼多牧者對自己的輔導感到不滿意的部分原因。雖然他們指出，這不滿意的結果源於沒有足夠的訓練和時間從事輔導，但問題更可能主要是因為牧者接受的輔導取向並不適合本身的牧養情景，這樣必然令他們感到挫敗和不足。

策略性牧養輔導是一種經過特別設計的輔導模式，配合提供輔導的典型牧者的角色、資源和需要。我們透過向超過四百位牧者發出問卷（這個系列的第一本書《策略性牧養輔導：一個短期而有系統的模式》；*Strategic Pastoral Counseling: A Short-Term Structured Model*[Benner, 1992]描述了這個調查），收集有關這種「典型」牧者的資料。這個模式採用當代輔導理論的洞見，但卻沒有犧牲牧養事奉的資源。而且，這個模式的形式和方向都源自牧養角色，因而能夠提供一個輔導取向，這不單和牧養事奉的其他方面一致，也能夠將牧養輔導放在這事奉的核心。

這本書將策略性牧養輔導應用到一個經常遇到的困難情景。因此，我們假定讀者已經熟習這個基本模式。如果讀者不熟悉《策略性牧養輔導：一個短期而有系統的模式》中介紹的模式及內容，應該先閱讀那本書，書內詳細介紹了這個模式和實行的方法。接著，我們會簡單重溫這些材料。雖然這樣並不能概述那本書的所有內容，但已足以提醒讀者，策略性牧養輔導這個取向有甚麼最主要的特點。

策略性牧養輔導模式

策略性牧養輔導是短期、採用閱讀式治療法、整全、有系統、有屬靈焦點和有明確的基督教色彩。以下我們會逐一簡單討論這些特點。

短期輔導

輔導可以是簡短(也就是說，只進行幾節)、有時間限制(也就是說，在開始時定好輔導的總節數)或同時是簡短和有時間限制的。策略性牧養輔導既簡短又有時間限制。我們建議這種輔導不超過五節。我們決定訂立這個上限，是因為為了設計這個模式而進行的背景研究顯示，在一般事工中，由牧者提供的牧養輔導，有百分之八十七都不超過五節。這個輔導的短期取向似乎十分配合牧者可以運用的時間，他們所接受的訓練和對他們角色的要求。

近期有關短期輔導的研究清楚表明，因為這個取向要求輔導員努力將焦點集中在一個雙方都同意的主要問題上；透過幾節輔導，也足以帶來重大而持久的改變。在這方面，策略性牧養輔導與更持久的門徒訓練或屬靈引導不同。這些關係的目標是達到靈命成熟。策略性牧養輔導的目標則低得多：根據神對尋求輔導的人有甚麼心意，以及祂在他們生命中有甚麼行動；檢視某一個特定困難或經驗，並嘗試透過他們生命目前的境況，促進他們成長。雖然這個目標仍然有點難度，但由於它有專注這個特點，所以頗能夠在短時間內達到目標。正是這個焦點令這種輔導具策略性。

牧者最好在安排第一節輔導時告訴受導者，輔導不會超過五節；最遲也應該在第一節輔導期間告訴對方。這樣可以確保會友一開始便知道那個時間限制，可以和輔導員合作，使輔導集中在焦點上。毫無疑問，有些人需要超過五節輔導才能夠解決他們的問題。在這種情況下，應該轉介他們給更適合做這工作的人；而那五節輔導的其中一個目的，便會是為轉介作好準備。不過，即使這些人需要更多幫助，也不表示他們不能從那五節專注的短期牧養關顧中得益；所以，即使有些人可能需要其他幫助，也不應認為他們不適宜接受策略性牧養輔導。

關於將輔導限制在五節內這個建議，我們還需要指出相當重要的一點：那五節毋須在五個星期內完成。事實上，很多牧者都發覺，每星期進行一節輔導，不及每隔兩三星期進行一次那麼有用。在最後兩次輔導之間相隔兩三個星期尤其有幫助。即使最初幾次輔導是每星期進行一次，也應該考慮將最後兩次輔導的時間分隔得長一點。

閱讀式治療性輔導

閱讀治療指使用閱讀作為治療方式。策略性牧養輔導以文字材料作為牧養關顧的核心。聖經當然是閱讀式治療的豐富資源。鼓勵和指示受導者閱讀聖經，是策略性牧養輔導的重要部分。但運用這個方法時必須有規律和選擇性，而且需要特別小心，確保不是機械式或缺乏個人性地進行。如果運用得宜，這種做法絕對是提供輔導的牧者一個相當積極和有力的資源。

雖然聖經是閱讀式治療的獨特資源，但卻並非惟一資源。策略性牧養輔導有一套經特別設計的資源。這個系列的十冊書籍，每一冊都配有特別為受導者編寫的書。這些書和為提供輔導的牧者而寫的書籍，都是由相同的作者撰寫，讓他們可以很容易便將這些閱讀資料溶入輔導中。

使用配合輔導的閱讀材料，能夠最有力地支持和延續牧者提供的輔導。會友能夠得到有用的資源，不會受到牧者的時間或者能夠見他們的機會限制。而且，牧者可以讓閱讀材料進行部分輔導工作，利用輔導時間處理那些閱讀材料不能有效處理的問題。

整全的輔導

提出短期的輔導應該是整全的，可能會令人感到奇怪。但這既可能，也十分可取。整全的輔導是回應構成人的生命那個複雜的心理和靈性動力的整體。聖經的心理學明顯是整全的心理學。人的不同「部分」(也就是身體、魂、靈、心、血肉等) 從來都不是以分開的官能或獨立的部件這個形式出現，觀看這些不同部分是了解整個人的不同方法。聖經討論人時，首先和首要的強調是人作為存有那基本的統一。最終只有在這基本和不能簡化的整體性下，才能夠理解人；如果幫助別人的努力要真正符合基督教的精神，便必須抗拒一個試探：單從人的思想、感受、行為或存在的任何單一呈現來看人。

在輔導中，除了整全性外，還可以專注於這些功用的眾多形態中的任何一個。而事實上，很多輔導方式都是採用這個取向。相反，策略性牧養輔導主張，牧養輔導必須回應個人功能的行為 (行動)、認知 (思想) 和情感 (感受) 這幾個元素。如果將它們分開來研究，可能會令那人真正的情況變得模糊不清。如果將這一切一併處理，便能夠形成一個基礎，可以進行綜合的評估和有效的介入。策略性牧養輔導提供一個框架，確保這些功能的不同領域都得到照顧；而實際上，這是輔導的主要架構。

有系統的輔導

策略性牧養輔導的系統性本質，令這種輔導能夠保持簡短，確保每一節都有清晰的焦點，而每一個焦點都以上一個焦點為基礎，最終達成整體的目標。策略性牧養輔導架構的緊密程度，足以令牧者能夠在不超過五節的輔導，提供整全的評估，以及輔導的介入；同時又有足夠的彈性，容許不同的輔導員有不同的個人風格。這是十分重要的，因為策略性牧養輔導主要不是一套技巧，而是人與人之間的親密相遇和對話。

策略性牧養輔導的結構源自處理感受、思想和行為這個目標。這些都是求助者經驗的困難的一部分。這個結構也回應牧養輔導員面對的幾個任務，包括：展開初步的評估，開始大致了解問題所在和求助者個人的主要需要，選擇和實行介入，以及找出能夠給予幫助的資源。我們稍後會更詳細描述這個結構。

有屬靈焦點的輔導

策略性牧養輔導的第四個特點是有屬靈焦點。但這並非表示輔導時只討論和宗教有關的事情。我們的靈性是我們心裏的主要委身、我們的基本生命方向和我們的基本效忠對象。當然，這些存在的屬靈向度，既從我們對神的態度反映出來，也藉著我們的外在宗教價值觀和行為表現出來。不過，一些表面看來和宗教沒有多少關係的事情，也會反映這些向度。策略性牧養輔導員最重視的是聆聽背後的屬靈故事。他們聆聽的故事可以稱為故事背後的故事。

但要聆聽故事背後的故事，要求我們先聆聽和認真看待現時的故事。不理會目前的情況，就是將問題靈性化。這樣會令人不認真對待那個問題，而且也令輔導不能成為真正的對話。因此，策略性牧養輔導員在會友講述自己的掙扎和生命經驗時，進入他們的經驗中。不過，雖然這是故事的一個真實部分，但卻不是必須聆聽和明白的整個故事。因為從這個故事中，會有另一個故事浮現出來，那就是他們回應這些經驗的靈性故事。這個回應可能是毫不動搖地信任神，但對祂卻沒有太大期望；也可能是疑惑、憤怒、迷惘或絕望。這些都是對目前的掙扎不同形式的屬靈回應。只要牧者留意，總能夠辨認出個人經驗的靈性向度。策略性牧養輔導以這個背後的靈性故事作為主要焦點。

明確的基督教輔導

雖然不將靈性和宗教性混淆是重要的；但同樣重要的是，不要將基督教靈性和它的任何類似狀態混淆。關於這方面，策略性牧養輔導必須特別和明確地是基督教的。雖然策略性牧養輔導以專注於廣義的靈性事件開始，但它的主要目標是促使接受輔導者覺察到神呼召他們降服和服事，並回應這個呼召。這是策略性牧養輔導基本和最重要的特點。

令策略性牧養輔導明確地屬於基督教的其中一個方法是，透過運用基督教的神學語言、象徵、概念，以及禱告、聖經、聖禮等宗教資源。但我們不應該機械地、教條地或以法術的方式運用這些資源。不過，如果我們敏銳、明智地運用這些資源，它們可以成為管道，讓神和尋求牧者幫助的人之間產生有力的接觸。這就是運用這些資源的目的。我們不是膚淺地替輔導洗禮，令它帶有基督教色彩；而是使尋求幫助的人更緊密地和神接觸。而神就是所有生命、成長和醫治的源頭。

策略性牧養輔導採用的另一個重要資源是作為羣體的教會。牧養輔導進行的方式，和私人執業的基督徒輔導員往往沒有明顯的分別。這種十分不幸的做法忽略了教會羣體那些潛在的豐富資源。策略性牧養輔導能夠維持短期性這個特點，其中一個重要方法是，牧者將尋求幫助的人，與教會中能夠提供部分所需幫助的人聯繫起來。當然，會友也可以以不那麼個人的方式參與。很多尋求有力地服事信徒羣體的教會，都成立了各種支持和事奉小組。這些都是策略性牧養輔導潛在的豐富資源。

最後，也是最重要的是，策略性牧養輔導屬於基督教，是因為它鼓勵人們倚靠聖靈。對實踐牧養輔導所需的一切智慧，聖靈都是不可或缺的源頭。策略性牧養輔導員明白，一切醫治和成長，最終都由神促成。因此，他們可以安心倚靠神的靈，並知道最終為人們和他們的安好負責的都是神。

策略性牧養輔導的階段和任務

組成策略性牧養輔導的三個階段可以稱為**相遇**、**投入**和**分開**。策略性牧養輔導的第一個階段是相遇，對應輔導的第一節。這個階段的目標是和求助者建立個人的聯繫，為輔導關係定下界限，了解那人和他／她的主要問題，進行牧養診斷，並為以後幾節確立彼此都接受的焦點。第二個階段是投入，包括牧者超越第一次的接觸，和求助者建立更深入的合作聯盟。這通常都需要用接著的一至三節時間，期間必須探索對方與那問題有關的感受、思想和行為模式，並建立新的視野和策略，藉以應付問題或帶來改變。第三個也是最後一個階段是分開，是最後一或兩節的焦點，包括：評估進展，衡量還有甚麼問題有待解決，如果需要的話，便安排轉介，並結束輔導關係。以下的圖表總結這些階段和任務。

策略性牧養輔導的階段和任務

階段一：相遇（第一節）

- 加入和定下界限
- 探討主要問題和有關歷史
- 進行牧養診斷
- 訂定雙方都同意的牧養焦點

階段二：投入（第二、三、四節）

- 探索問題的認知、情感和行為幾方面，並找出應付或改變問題的資源

階段三：分開（第四、五節）

- 評估進展和衡量還有甚麼問題有待解決
- 轉介（如有需要）
- 結束輔導

相遇階段

策略性牧養輔導這個開始階段的任務是加入和定下界限。加入包括藉著一段簡短的閒談時間，讓牧者和會友可以自然地開始接觸，令會友感到自在。這種初步的談話通常應該只用兩三分鐘，緊記不應該超過五分鐘。這段時間並非必要的，因為有些人能夠立即開始講述自己的故事。定下界限包括告訴對方這一節輔導的目的，以及在這一節和彼此其後見面時的時間安排。這個部分通常只需要用一兩句話交代。

探索主要問題和有關歷史，通常都是以邀請會友講述甚麼原因令他們在這一刻尋求幫助作為開始。聽到會友表達這些即時的問題後，對簡略地了解這些問題和求助者的歷史，通常都會有幫助。花十至十五分鐘探討目前問題的形成過程，以及會友怎樣應付或尋求幫助，是這部分要做的主要工作。在這時對會友目前的居住和家庭以及工作和／或教育狀況有一點認識，也是重要的。在第一次會面的這個部分，將一切組織起來的線索是目前的問題。討論的不僅僅是這些事情，但這個焦點有助為這一節指出正確的方向。

除去令人困惑的醫學含義，診斷的意思是將問題定義，這是任何形式的輔導的基礎部分。診斷包括判斷問題的性質究竟是隱藏還是明顯；每當牧養輔導員展開一段輔導關係時，都會作出這些判斷。但要令診斷變得適切，診斷必須能夠引導接下來的輔導，意思是牧養評估的分類，首先必須和屬靈焦點有關，這也是任何稱為牧養式的輔導的基礎。因此，在策略性牧養輔導第一個階段需要進行的診斷包括評估求助者的屬靈狀況。

策略性牧養輔導採用由馬洛尼(Malony)提出的結構(1988)，他也以這個結構作為自己進行宗教身分訪問的基礎。馬洛尼提出，對基督徒宗教狀況的診斷，應該包括評估求助者對神的意識、對神恩典的接受、悔改和負責、對神的領導和指引的回應、在教會的參與、對團契的經驗、倫理道德和在信仰中的開放程度。雖然很多人都發覺這個牧養診斷的方式十分有用，策略性牧養輔導員卻毋須感到要受到這個方式限制。這只是對進行牧養評估的一個建議結構，每個牧養輔導員都需要以適合自己的神學信念和個人風格的方式執行這個任務。有關進行牧養評估的進一步資料，可參閱《策略性牧養輔導：一個短期而有系統的模式》。

策略性牧養輔導相遇階段的最後一個任務是，為輔導訂定一個雙方都同意的焦點。這往往是不言而喻的，因為會友的第一個反應已經清楚表達了出來。但有些時候，會友在第一節輔導中會說出自己的很多問題，需要輔導員問他們，主要的問題在哪裏。找出主要的問題後，便自然能夠為輔導訂定目標。這些目標有時頗為具體(例如：能夠就可能的職業改變作出明智的決定)，有時也相當籠統(例如：能夠表達和一種疾病有關的感受)。正如這些例子說明，有些目標描述一個終結點，另一些則更多是描述過程。如果策略性牧養輔導，要在牧養輔導員面對眾多問題時，都能夠作為有用的輔導方式；保持這個理解目標方面的彈性，是十分重要的。

投入階段

策略性牧養輔導的第二個階段，包括牧者和求助者圍繞令他們走在一起的問題和關注，作進一步投入。這是輔導過程的核心。這個階段的主要任務是：探索求助者和主要問題有關的感受、思想和行為模式，並培養新的視野和策略以應付或改變問題。

需要留意的是，這個階段的工作可以在第一節輔導時已經開始。我們不應該以死板或機械的方式理解這個模式。如果在第一節完成了第一階段的任務後還有時間，便可以開始進行第二階段的任務，這是十分恰當的。不過，一旦完成了第一階段的任務，焦點便會移向和第二階段有關的任務。如果運用策略性牧養輔導最多的五節會面時間，第二個階段通常都包括第二至四節。

這個階段的三節輔導，焦點通常都是和求助者提出的問題有關的感受、思想、行為。雖然這一切通常都交織在一起，但每次只選擇集中處理一個方面，可以確保各方面都得到足夠的照顧，令受導者的心理靈性功能的一切重要動力都得到考慮。

從感受開始的原因是，大部分找輔導員幫助的人都是從感受開始的。但這並不表示，大部分人都認識自己的感受。探討感受包括鼓勵人們面對和表達他們感受到的一切，目的是要明白和恰當地處理這些感受。這個時候的目標是，聆聽和同情地回應求助者的感受，而不是嘗試改變那些感受。

探討過求助者經驗的主要感受後，接著的任務是探討和這些感受有關的思想，並培養其他方法明白現在的感受。在策略性牧養輔導的這個階段，明確地運用聖經通常都是最合宜的。要緊記這樣使用宗教資源會有潛在的誤用和困難。不過，牧養輔導員在對個人處境提出有用的新看法時，應該對直接提出聖經的真理持開放態度。

策略性牧養輔導投入階段最後一個任務直接源自和理解有關的工作，並包括探討個人功能的各個行為因素。在這裏，牧者探討受助者面對困難或痛苦時會做甚麼具體的事情，並和他們一起著手找出他們在行為方面，可以有甚麼值得作出的改變。這個階段的目標是，找出牧者和受助者都同意是重要的改變，並開始製訂具體的策略，帶來這些改變。

分開階段

最後一兩節涉及預備結束輔導，並包括兩個特定的任務：評估進展和衡量還有甚麼有待處理的問題；以及在需要時安排轉介。

通常牧者和會友都會發覺，評估進度是有益的過程。部分評估可以在之前的幾節進行。但即使這樣，利用最後一節簡略地檢討受助者在輔導中學到甚麼也是好的。當然，緊密相連的是找出還有甚麼問題有待處理。經過短短五節便能解決所有問題是相當罕見的。

這表示會友在結束輔導後，仍然有等待他完成的工作。但他們這樣做的同時，還有對未來的計劃要開展；而開展這些計劃，則是策略性牧養輔導最後這個階段的重要任務。

如果在這個時候仍然有重大的問題未解決，最後的兩節也需要用來安排轉介。理想的做法是在第二或第三節討論這些問題，在最後兩節前安排轉介。如果在這個時候，會友可以和新輔導員開始第一節輔導，那就更理想了。這樣便可以將這第一次見面的經驗，當為牧養輔導最後一節的一部分。

明白自己在時間、經驗、訓練和能力方面的限制，是所有專業人士實踐時不可或缺的部分。牧者也沒有例外。因此，提供策略性牧養輔導的牧者需要留意羣體中有甚麼資源，並準備轉介會友往他們可以得到更大幫助的地方。

在大部分個案中，策略性牧養輔導關係都可以相當順利地結束。在大多數情況下，牧者和會友都同意，大家毋須再見面。他們都很容易得到共識，同意停止輔導性會面，即使有時感到有點傷感。不過，有時這個過程在實行時的確會有點困難。出現這種情況，有時是因為會友渴望繼續和牧者見面；在另一些時候，困難則在於牧者。但無論如何，最好的做法通常都是遵照雙方最初決定的時間終止輔導。

例外的情況是，會友在完成了五節輔導時，面對重大的壓力或危機，又沒有其他資源可以提供所需支持。在這種情況下，增加幾節輔導可能是適當的做法。不過，這也需要有時間限制，而且形式應該是危機處理，延長的節數也儘可能不要太多，目的只是要回復某程度的穩定，或者將會友轉介給其他能夠提供幫助的人。

總結

策略性牧養輔導提供一個架構，讓牧者可以以配合自己其他牧養任務，有心理學知識和負責任的方式提供輔導。雖然實踐這個模式的技巧需要時間培養，但因為這個取向有焦點和時限，大部分牧者都能夠掌握有關技巧。不過，單靠閱讀不能充分學習輔導技巧。和所有人際技巧一樣，輔導技巧必須透過實踐學習。而理想的做法是，由經驗豐富的牧養輔導員監督，給予回應。

掌握了策略性牧養輔導技巧的牧者，能夠以高度個人化和合宜的方式，向極需要得到幫助的人宣告神的聖言。這是獨特和有很大回報的機會。牧養輔導員不是廣泛地將種子撒在地上，而地面往往有很多沙石，而且十分堅硬，雖然也有些肥沃和可種植的地方；牧養輔導員有機會小心地只播下一粒種子。由於他們了解泥土的素質，所以能夠以十分個人化的方式培養植物，努力確保它不會太快被風吹走，然後溫柔地澆水，培養植物生長。這是一個實行策略性牧養輔導這種事奉的獨特機會。我祈求牧者能夠看到，在他們蒙召實行的事奉中，輔導是十分重要的；我也祈求他們因為有一個實行牧養輔導的取向，是他們的技巧和時間都足以應付的，從而得到鼓勵，以得到更新的活力和清晰的方向承擔這些責任。

卷一

了解饒恕

1

饒恕的重要

根據聖經，基督教最重要的觀念是饒恕。新舊約聖經都讓我們看到，神饒恕我們的罪是多麼寶貴；並一再囑咐我們，要饒恕得罪我們的人。耶穌將這兩個有關饒恕的陳述聯繫起來。祂宣告說：「你們饒恕人的過犯，你們的天父也必饒恕你們的過犯；你們不饒恕人的過犯，你們的天父也必不饒恕你們的過犯。」(太六14～15) 我們實在很難想像，耶穌對饒恕的課題所講述的，有別處比這裏所強調的更深刻了。

聖經將饒恕描述為十分值得追求的前景，令饒恕似乎成了整全的生命最重要的經驗。想一想聖經作者怎樣生動地描述得到神饒恕的恩典是多麼大的祝福。

饒恕帶來：

潔淨的感覺：大衛熱切地禱告：「求你將我的罪孽洗除淨盡，並潔除我的罪！……求你……潔淨我，我就乾淨；求你洗滌我，我就比雪更白。」(詩五十一2、7) 撒但指控大祭司約書亞；神命令天使脱去約書亞的污穢衣服 (象徵罪)，給他穿上清潔的衣服，說「我使你脱離罪孽……」(亞三1～5)，藉以對抗撒但的指控。

決定性地除去罪疚感：希西家王感受到神宣告他得到饒恕的權威：「……你將我一切的罪扔在你的背後。」（賽三十八17）彌迦先知預期神會徹底除去罪：「……有何神像你，赦免罪孽，饒恕……罪過……[你]將我們的罪孽踏在腳下，又將我們的一切罪投於深海。」（彌七18～19）神向以色列人宣告，祂有能力除去罪的控訴：「我塗抹了你的過犯，像厚雲消散；我塗抹了你的罪惡，如薄雲滅沒。」（賽四十四22）

得到醫治，情感得到釋放的感覺：「但向你們敬畏我名的人必有公義的日頭出現，其光線有醫治之能。你們必出來跳躍如圈裏的肥犢。」（瑪四2）

心裏對神的目的有全新而清晰的認識：「並且照明你們心中的眼睛，使你們知道他的恩召有何等指望，他在聖徒中得的基業有何等豐盛的榮耀；並知道他向我們這信的人所顯的能力是何等浩大」（弗一18～19）。

人與人之間有新的合一：「弟兄和睦同居是何等的善，何等的美！這好比那貴重的油澆在……頭上，流到……又好比……甘露……」（詩一三三篇）。和解的人經歷重新開始（「甘露」），彼此重新受到對方吸引（頭髮上那芬芳、閃亮的油）的喜悅。

饒恕是釋放、加力、更新、醫治和喜悅的經驗，能夠轉化整個生命。因此，不饒恕別人，或者得不到別人饒恕；表示在個人的經驗中，這種情感上的健康，會所餘無幾，甚至完全喪失。聖經也生動地描述了不饒恕所付出的代價是多麼的可悲。

不饒恕帶來：

揮之不去的不潔和失落感：「我們……所有的義都

像污穢的衣服。我們都像葉子漸漸枯乾；我們的罪孽好像風把我們吹去。」(賽六十四6)

不能解除的罪疚感：「……我的罪常在我面前。」(詩五十一3)

持續的受傷感覺，渴望得到醫治：「我被壓傷，身體疲倦；因心裏不安，我就唉哼。」(詩三十八8)「求你使我得聽歡喜快樂的聲音，使你所壓傷的骨頭可以踴躍。」(詩五十一8)

心靈黑暗，對神的旨意感到迷惘：「他以灰為食，心中昏迷，使他偏邪……我們指望光亮，卻是黑暗，指望光明，卻行幽暗。我們摸索牆壁，好像瞎子……我們晌午絆腳……」(賽四十四20，五十九9～10)。

人與人之間愈來愈嚴重的不和，甚至在信徒羣體裏面也是這樣：「你們要謹慎，若相咬相吞，只怕要彼此消滅了。」(加五15)

不饒恕會滋生持續的憤怒，不尋求或接受饒恕滋生的憤怒也會不斷繁殖。阿連德 (Dan Allender) 在討論虐待、羞恥和輕蔑這些感受的互動時，談及這個問題。

> 輕蔑是譴責，攻擊自己認為是引致羞恥的原因。這種攻擊雖然可以隱藏在溫暖的微笑和溫柔的薄責裏面，但卻帶有憎恨、惡意和殘忍。譴責可以針對那個雙眼看穿我們外表的人；也可以針對在我們的存在中，揭露令我們感到羞恥的因素。
>
> 羞恥是眼睛的一種現象。一個人感到羞恥時，眼睛和肩膀通常都會垂下。感到羞恥的人最希望自己隱形，或細小得不會成為焦點；也希望

> 心靈會停止淌血。感到羞恥的人可以怎樣做到這點？總得轉移或毀滅看見他的眼睛。他可以有兩個選擇：將自己的目光轉離對方那銳利的凝視，專注於在自己的存在中，引致羞恥的因素；或者以憎恨這種毒藥，直接攻擊「敵人」的眼睛，使那雙眼失明，喪失力量。第一個選擇帶來自我輕蔑；第二個選擇帶來以別人為中心的輕蔑。兩者雖然形式不同，作用卻相若。[1]

不饒恕能造成十分大的破壞。個人，個人所屬的基督徒羣體，他們的家人和朋友都可能深受傷害。饒恕不單涉及醫治我們的關係。聖經也證明饒恕和健康之間有聯繫。大衛說自己在認罪，並得到神饒恕前，「骨頭枯乾……精液耗盡……」(詩三十二3～4)。在詩篇三十八篇，他的罪疚感也似乎帶來同樣的病徵：「我的罪孽高過我的頭……我滿腰是火；我的肉無一完全……我心跳動，我力衰微……」(4、7、10)。耶穌醫治癱子時，也表明饒恕和身體健康的密切關係。那人得到醫治，是因為耶穌饒恕了他的罪(太九1～8)。

近年，醫學界也指出饒恕和健康的密切聯繫。近年的研究顯示，得到饒恕能夠強化人體的免疫系統，幫助我們抵抗疾病，或者令我們更快痊癒。另一方面，傾向緊緊抓著怨恨，或不能饒恕別人的人，會較容易患上好些疾病，包括癌症和心臟病。精神病學家帕蒂森(E. Mansell Pattison)更指出不饒恕有一個對生命更直接的威脅。他表示謀殺是最終不能饒恕別人的典型後果，而自殺則是最終不能饒恕自己的典型後果。[2]也有報告顯示，不饒恕別人，以及伴隨而來的仇恨和怨恨，會令人筋疲力盡。

考慮到怨恨的破壞性和饒恕能夠帶來醫治，儘快饒恕得罪我們的人，是十分重要的。怨恨是毒藥，能夠破壞我們的身心靈；因此，我們應該盡力儘快以饒恕這種解毒劑中和怨恨這種毒藥。不能接受饒恕的破壞力同樣大。因此，神赦罪的恩典，對我們的牧養事奉是十分重要的！饒恕是我們不配得到的禮物，由耶穌犧牲自己的代贖帶來；饒恕是神提供的健康和整全。

埃克（Richard Ecker）引述一位一起參加教牧會議的人的話：「多年以來，我和很多傷害過別人的人談話，他們大都相當明白自己犯的罪多麼嚴重。他們需要的幫助是明白神的恩典。」埃克補充說：「如果要我具體指出情緒功能障礙最主要的缺陷是甚麼，我會說那是不能經驗無條件的事情。對那些有情緒障礙的人來說，恩典——無條件的愛——是完全陌生的觀念，至少在基本的層面是這樣。這是因為這些人的個性，完全由使價值都變得附有條件性這種程式所模塑。」[3]因此，教會必須成為一個地方，在輔導和教會生活中，讓那些因為不饒恕和相信帶有條件式的接納而變得有情緒障礙的人，透過信仰基督而經歷恩典。

每一個牧者都必須明白，這不單對個人的醫治和整全十分重要；對由他們照顧的整個教會的健康、純潔、和睦和合一也是必不可少的。想想以下這個個案：

德莉（Terri）向牧師尋求輔導，表示自己的婚姻受到嚴重威脅。牧師感到十分驚訝，因為他完全察覺不到德莉和丈夫的關係出了問題。在教會的年青夫婦中，他們深受稱道，大家都知道他們很愛對方。他們站在一起時總是手挽著手，在教會總是儘可能的緊靠在一起坐，德莉往往將頭靠在丈夫肩膀。但現在她坐在牧師的辦公室，強忍著令她不能說話的哭泣和淚水。一句絕望的哀訴表達了她的痛苦：「我不能再忍受了。如果我告訴他，他便不能再愛我——他會恨我！」

她慢慢說出自己的故事。她的痛苦源自多年的恐懼。她害怕丈夫發現，在他們結婚前，她在性行為方面頗為隨便。現在似乎佔據著她心思的罪疚感，來自她十分年青，遠遠未成為基督徒前犯下的罪。現在她已經是一個相當不同的人。她忠於自己的婚姻，不能想像自己會受到其他男性吸引，但卻被認信神之前犯的罪所折磨。

她的需要當然源自她不明白，透過她歸信她所愛的救主，神賜給她的恩典有甚麼含義。在其後的日子，她開始感受到從罪疚感中得釋放。那份罪疚感以前好像長了鉤的鐵圈一樣，緊緊鉗制著她的心。她早已聽過，若有人在基督裏，「……舊事已過，都變成新的了。」(林後五17) 但她卻害怕只有某些「舊事」才能得到饒恕，另外一些——她年少時的性行為——卻得不到饒恕。現在她明白饒恕的真實，開始敢於相信，自己在基督裏真是一個新造的人。不過，仍然有問題未解決：她丈夫是否需要知道，她遠在認識他之前所犯過的罪？她是否需要向丈夫認罪，才能夠完全脱離過去的捆綁？神的恩典給她一份全新的整全感，她丈夫能否藉著這恩典饒恕她？教會裏面還有多少位「德莉」？有多少基督徒因為極度需要明白饒恕而受到困擾？如果他們來到我們面前，身為恩典學校的教師，我們是否準備好幫助他們？

饒恕作為費力的奇迹

雖然饒恕涉及很大的努力，這些努力卻不能產生饒恕。饒恕是我們藉著意志實行的自由行動，但饒恕的能力是恩賜，甚至可以說是奇迹。

不過，我們不應因而低估饒恕所需盡上的努力。正如奧格斯布格爾 (David Augsburger) 指出：「真正的饒恕是世上最難做的事情。」沒有任何人類行動比真正的饒恕更困難。沒有任何要求，比要求人們饒恕曾經傷害他們的人更困難。但由於饒恕而令憤怒消除，使受創的情感得到醫治，都不能靠自己的努力達致。我盡我的努力做自己應該做的部分，然後接受饒恕這份奇妙的恩賜。因此，饒恕是我應該懷著感恩的心接受的東西。

饒恕需要我們盡自己的本分，然後求神做祂負責的部分。神負責的是幫助我們消除怒氣，然後給我們隨之而來的情感自由和醫治。我不是單單求神令對方得到我饒恕。可惜這並不容易。但我能夠也應該求神幫助我饒恕對方。這種禱告是祂會應允的，因為這明顯是祂對我的旨意。

但正是在這裏，我們需要留意接受和給予饒恕之間的關係。正如我們很難想像：如果一個人從未得過別人的愛，怎能夠付出愛？我們也很難想像：如果一個人從未得過別人的饒恕，怎能夠饒恕別人？知道自己需要，也曾接受過饒恕，讓我能夠給予別人這份他們不配得到的大禮物。更重要的是，知道自己需要，也接受了神的饒恕，讓我能夠成為一個懂得饒恕的人，是單憑經歷別人的饒恕不可能達致的。「神給我的饒恕，和我對別人的饒恕；就好像聲音和回聲。」[4]沒有前者，後者是既不可能，也是毫無意義的荒謬。

饒恕永遠都是禮物，永遠都是恩典。我能夠饒恕別人，因為我已經得到饒恕。我毋須賺得別人的饒恕；那些傷害我的人也不能贏得我的饒恕。饒恕本質上是一份不能賺取、極之慷慨的厚禮。

世上沒有任何東西比饒恕更清楚地帶有神兒子的印記。道成肉身的神子耶穌基督是奇迹中最大的奇迹。祂是神自己奇妙、慈愛地來到我們這裏，拯救我們脱離罪及死亡，賜給我們一份無可比擬的禮物——現在和永恆的新生命。我們可以懷著敬畏説，道成肉身是一個奇迹，而且超越神憑著話語創造整個宇宙這個奇迹（彼後三5）。我們也可以説祂成就的事，也就是救贖的工作，其困難程度是有史以來沒有人能夠想像得到的（賽六十三3；來九9、14）。如果在人類經驗中，我們能夠好像「神在基督裏饒恕」（弗四32），我們一樣饒恕別人，我們饒恕別人的行動，便會帶有那位「偉大的饒恕者」的印記；這些行動既是奇迹，也是很難實現的；它們實際上是「費力的奇迹」。

或許我們傾向相信饒恕是費力的工作，多於相信或預期那是恩典的奇迹。要相信自己真的得到饒恕，是相當困難的。如果你傷害了別人，並已經因為自己所犯的錯而悔過；如果你充滿悔疚，並懇求對方原諒你；如果你渴望事情回復你犯錯前那樣，但卻懷疑那是永遠都不可能實現的；那麼在某程度上，你便是感到絕望，認為自己實際上永遠都不能得到完全的饒恕。

> 如果你和人親密地交往……有時不禁懷疑，饒恕會不會還好像母雞的牙齒那麼罕見。人們埋起戰斧，但卻小心地收起顯示自己埋藏那武器的地圖。我們將自己的怨恨冷藏起來，然後按掣令它們解凍。我們打算在湖中——甚至是禱告的湖中——淹死自己的怨懟，結果卻只是給它們上了一堂游泳課。我們往往將作廢的單據撕毀，但卻不願意離開載著那些碎片的廢紙箱。這並非表示饒恕不會在人類中出現；只是表明那是罕有的，而且很多被視為饒恕的情況，往往完全不是那回事。[5]

我們對饒恕可能感到陌生或不自在，我們對失望的熟悉程度也肯定相若。失望是別人傷害或對不起我們時，我們情感上產生的基本痛苦。聖經十分有信心地宣告饒恕這個奇迹；同時也毫不猶疑地正視失望這個現實。聖經完全熟悉和體諒那些令我們難以饒恕別人的經驗，忠實地記錄了人們由於不公義帶來的痛苦而感到震驚、驚訝或憂愁時發出的怨言。

約伯只需要聽到一位朋友説出在神學上正確，但卻是指控他的言語，便開始感到被遺棄，並抱怨道：「那將要灰心……的人，他的朋友當以慈愛待他。我的弟兄詭詐，好像溪水……客旅瞻望……便蒙羞。」（伯六14～20）

大衛受到敵人惡待，發覺最痛苦的是「連我知己的朋

友，我所倚靠、吃過我飯的也用腳踢我。」(詩四十一9)

即使「知道人心裏所存」的耶穌，在門徒離棄祂時，也似乎語帶失望地說：「你們也要去麼？」(約六67) 在祂最脆弱的時刻，和祂最親密的朋友卻失敗了。祂說：「你們不能同我儆醒片時麼？」(太二十六38～40)

饒恕的應許

雖然聖經一直都十分坦白地面對受到傷害和失望這種普遍存在的經驗；但也雀躍地宣告饒恕的重要和奇妙——饒恕既賜給我們，也令我們能夠將它給予別人。讓我們思想兩個例子。

有些釋經者認為，聖經第一卷書結束的話，諷刺地顯出人類的困境。人類因為墮落犯罪，帶來死亡這個刑罰：「……收殮在棺材裏，停在埃及。」(創五十26) 但聖經開首的書卷那最後一頁也記載了一件事情，深刻地預備我們接受神對我們的罪和死給予的回答。這個回答就是聖經的主題，對贖回人類關係也是十分重要的。這個回答就是饒恕。[6]

約瑟的哥哥們見父親死了，就說：「或者約瑟懷恨我們，照著我們從前待他一切的惡足足的報復我們。」他們就打發人去見約瑟，說：「你父親未死以先吩咐說：『你們要對約瑟這樣說：從前你哥哥們惡待你，求你饒恕他們的過犯和罪惡。』如今求你饒恕你父親神之僕人的過犯。」他們對約瑟說這話，約瑟就哭了。

他的哥哥們又來俯伏在他面前，說：「我們

是你的僕人。」約瑟對他們說：「不要害怕，我豈能代替神呢？從前你們的意思是要害我，但神的意思原是好的，要保全許多人的性命，成就今日的光景。現在你們不要害怕，我必養活你們和你們的婦人孩子。」於是約瑟用親愛的話安慰他們。

創五十15～21

從約瑟與哥哥的會面中，我們發現幾個元素，顯示饒恕的重要和力量。首先，約瑟沒有淡化哥哥的劣行。饒恕認真看待破碎，肯定罪行是真實的；但同時也肯定，罪行並非決定性的。約瑟雖然同意哥哥承認他們需要為他受的苦負責，但也開出一條新路，讓他們可以和他開始新的關係（20～21節，「從前你們的意思是要害我，但……不要害怕」）。再次，我們也應該留意，約瑟似乎看穿了，他哥哥笨拙地試圖虛構父親的口信，藉以引發他的同情（16～17節）；他也似乎明白他們的部分恐懼和不信任；而且他的目光更超越了這一切。他哭泣（17節）當然是因為哥哥終於認錯，求他寬恕；但也是因為他現在可以御下受害者和審判官這兩個身分（19節，「我豈能代替神呢？」），看到自己和傷害自己的人相似多於不相似。這能力證明，約瑟因為哥哥的殘忍而受到的情感創傷漸漸得到醫治。靠著神的幫助，他「重寫」自己的記憶，明白對那些痛苦的事件的回憶，並不是他生命圖畫的全貌。即使在哥哥的惡行中，他也看到神的旨意，他的思想也能夠超越事件對自己帶來的後果，更因為自己受苦能夠「保全許多人的性命」而高興（20節）。現在約瑟願意不理會過去，不因為受到傷害而報復。他可能不能完全解釋為甚麼自己要受那些苦，但他能夠接受那不明朗，看見神勝過一切的手，不再受過去捆綁。倫丁 (Lyman Lundeen) 指出：「這樣，饒恕令人脫離過去及過去的痛苦。一些更有盼望的事情吸引我們的注意力。」[7]

約瑟的哥哥試圖和約瑟協商，藉以取得一個新的地位（18節，「我們是你的僕人」），顯示他們對饒恕的性質有一個普遍的誤解。某程度上，這可能是根據當時的文化，對位高權重的弟弟一種傳統的說話方式；但約瑟和他哥哥都肯定察覺到，約瑟事實上能夠以自己對他們的憐憫，作為合約的一部分，要他們受到某種形式的束縛，為自己的罪付上代價。

但饒恕避免這種「合約」，並支持盼望在恩典的活力中那些無限的可能性。「每當和別人交往的生命受到『合約』主導，個人和個人與別人的關係都會受損。」[8] 約瑟不考慮對哥哥行使這種權力；而是選擇運用無條件饒恕這種來自神的能力。

對犯錯的人和受害人之間的行為採用合約式的協議，可以對破碎的關係帶來某種公平和「罪有應得」的解決方法；但這只是非人性的解決方法，而且只能帶來表面的醫治。饒恕的能力是那麼大，令約瑟超越對這種操控式控制的需要，能夠以祝福代替嚴苛的回報！（21節，「現在你們不要害怕，我必養活你們和你們的婦人孩子。」）在希伯來語中，「我」這個詞是強調式，表示約瑟的承諾超過規定的仁慈；他決意親自給家人持續的好處，並照顧他們的後代。正如倫丁指出：「饒恕是主動的行動，能夠給個人自由，卻不致令關係消失。在面對過去的決定的力量時堅持開放；饒恕並不將受害人和壓迫者隔離起來，而是開闢一條新路……最終，饒恕提供的釋放，使我們連結起來，而不是將我們分開……饒恕改變個人的整個狀況，給人們自由，一起活出真我……饒恕能夠保持推動更公平的動力，而且是藉著超越公平而達致公平」[9]

最後，我們看到，約瑟的饒恕是深深植根於他相信神活生生的同在。我們可能很難分辨出，對約瑟的哥哥來說，神和祂的恩典有多真實。他們訴諸共同的信仰和合約式的團結一致（17節，「如今求你饒恕你父親神之僕人的過犯」），可能只是另一個操控性策略。但在這個說明饒恕多麼重要的故事，必不可少的因素是，約瑟至少將神的恩典，和自己饒恕哥哥的理由，清楚地聯繫起來（19～20節）。這樣，我們便面對那費力的奇迹的奇妙！那些得到我們饒恕的人，可能並未充分地悔罪，也未準備好在將來關係的所有範疇中，都誠實地對待我們；但靠著神的恩典，我們仍然可以自由地給予真正的饒恕，以致能夠好像約瑟那樣，學習相信神在我們的生命中積極地同在；也相信在得到我們饒恕的人生命中，這種同在可以帶來各種可能性。

倫丁肯定地說：「饒恕提供空間，讓個人的神採取有釋放和挽回作用的主動。神作為人類一切努力的基礎和目標，並非我們一頭栽進去的僵化現實。神並非沒有感情的立法者，或客觀的法官，遠離人類事務。強調饒恕，令作為終極參照的神，成了個人和充滿關懷的實在。在祂裏面，人類的生命有了地位和意義……

如果人類層面的饒恕產生的動力，驅使我們仰望神，神在基督裏的整個故事，便擠向舞台的中央。饒恕在基督裏變得清晰。關係中的自由那些深刻的個人面向也浮現出來。神以為罪人受苦的愛人這個形像出現，值得倚靠，而且十分堅定，我們可以將所有盼望建基於祂。」[10]

這個肯定將我們指向耶穌基督，讓我們從聖經中舉出第二個例子，以我們救主自己的話，說明饒恕的重要性：

> 耶穌又對門徒說：「絆倒人的事是免不了的；但那絆倒人的有禍了。就是把磨石拴在這人的頸項上，丟在海裏，還強如他把這小子裏的一個絆倒了。你們要謹慎！若是你的弟兄得罪你，就勸戒他；他若懊悔，就饒恕他。倘若他一天七次得罪你，又七次回轉，說：『我懊悔了』，你總要饒恕他。」使徒對主說：「求主加增我們的信心。」主說：「你們若有信心像一粒芥菜種，就是對這棵桑樹說：『你要拔起根來，栽在海裏』，他也必聽從你們。你們誰有僕人耕地或是放羊，從田裏回來，就對他說：『你快來坐下吃飯』呢？豈不對他說：『你給我預備晚飯，束上帶子伺候我，等我吃喝完了，你才可以吃喝』麼？僕人照所吩咐的去作，主人還謝謝他麼？這樣，你們作完了一切所吩咐的，只當說：『我們是無用的僕人，所作的本是我們應分作的。』」
>
> 路十七1～10

我們期望道成肉身的主抱持現實的態度。耶穌以這種態度開始祂對門徒說的話。祂對罪的普遍和嚴重性，對我們多麼容易受到罪影響，以及饒恕需要一步一步耐心地達致這些本質都抱現實態度。

耶穌對門徒描述了那些使人犯罪的人，會面對多麼嚴厲的審判。但饒恕這個奇迹的榮光，照亮了這幅陰鬱的圖畫。與其使脆弱的弟兄姊妹落入試探，不如死於暴力！(1～3上)。在與別人的關係中，我們所有人都可能會出賣信任我們的人，面對這種出賣那可怕的譴責，有機會得到饒恕是多麼受歡迎和奇妙！

耶穌接著的教導是：饒恕是費力的工作。饒恕是一個過程，包括一再俯就得罪你的人的失敗。(「一天七次」表示饒恕這個責任是無止境的。比較耶穌在馬太福音十八章21至22節對這個原則的發揮：「七十個七次」。) 這個行為準則非常困難，令門徒感到驚訝。要**這樣**饒恕別人，要冒險和**這樣**的人交往，對進一步的傷害**這樣**開放，我們需要多大的信心？對他們這個驚訝的疑問，耶穌的回答是：他們需要增加多少信心並不重要；一點兒信心的潛力，遠超過平常的預期！(6節)。重要的是由於明白我們自己的人性，以及明白我們對神的委身那主僕關係的性質而努力順服。

再次，正如我們從約瑟的生命中看到那樣，饒恕的能力包括重新詮釋自己作為受害人這個身分：我是否真的比那傷害我的罪人優勝？我們共通之處不是比不同之處更多嗎？這份認識並不為他們的行為開脱，也不免除他們悔過的責任(3節，「……勸戒他；他若懊悔……」)，但這是準備饒恕必不可少的步驟，而且並不涉及神祕層面的靈性。饒恕不是靈性高超的人的專利！

接著耶穌利用家僕的典型一天作為例子，以比喻說明這個饒恕傷害自己的人的原則，即使對方一再傷害你。這個比喻十分寫實；僕人的任務完全違背個人的感受和安舒，在當時來說相當困難，而且明顯得不到多謝。(耶穌沒有寬容奴隸制度，只是利用當時社會生活中的一個片斷說明自己的論點。在路加福音十二章35至37節的另一個場合，祂講述了另一個比喻，在其中主人調換了正常的角色，謙卑地服事僕人。那個故事象徵神給我們的恩典；這個故事則象徵我們以僕人這個合宜的態度彼此相待。）門徒在饒恕方面所需要的不是更大的信心，而是運用他們已經有的信心，服從神要他們饒恕這個旨意。饒恕開始時不是一種感覺；而是刻意選擇的行動，即使在你仍未感到能夠饒恕時，也不利用對方過去(今天已經失敗了六次！)的冒犯，對付得罪你的人。你至少能夠採取一些開始的步驟，即使你需要只將它們視為盡自己的責任(10節)；並找方法開始饒恕的過程。

聖經這兩個例子都給我們很深的印象，讓我們明白饒恕的重要性。對約瑟來說，饒恕是藉著饒恕哥哥那幾乎罪無可恕的殘忍，脫離過去的捆綁。對耶穌的門徒來說，饒恕的意思是，在關係中譴責罪的危險，由赦罪的恩典這個奇迹相配。但這個奇迹需要在我們選擇怎樣對待得罪我們的人時一再重複。

饒恕的巨大力量是無法估計的，它對醫治情感創傷十分重要，這力量不單在聖經中出現，也是在今天神的子民中一再出現的奇迹。一對很有代表性的基督徒夫婦的故事，清楚說明這一點。赫伯 (Herb) 以往曾經有同性戀行為；而且因為童年受到虐待，並受到事事要求完美的父母苛待，以致患有嚴重的抑鬱症。面對這一切，他和瑪嘉烈 (Margaret) 努力維持他們的婚姻。他們的努力能夠一再成功，是因為瑪嘉烈堅持饒恕。

赫伯一再問：「為甚麼你仍然留下來，仍然忍受我？為甚麼你不帶著孩子離開？」雖然瑪嘉烈感到很痛苦，她的忍耐力也受到極大考驗，但她仍然一再肯定她對赫伯的愛，並相信終有一天，事情會變得比較好。赫伯不明白為甚麼瑪嘉烈仍然能夠愛他；也不明白，為甚麼連他自己也不能饒恕自己時，瑪嘉烈仍然能夠饒恕他。他表示，雖然他最終戒除了同性戀行為，但仍然感到自己不值得饒恕。他說：「我知道那是我問題的一大部分，我的治療師也知道。雖然她從沒有說過自己是基督徒，但她曾經責備我說：『我不明白。你的基督教信仰的基礎是，神饒恕你所有的罪，但你竟然不能夠饒恕自己。』」

後來，赫伯可以指出，他的部分問題是，他不相信神會饒恕他做過那些事。他知道聖經怎樣描述天上那位赦罪的神，但在自己的凡人心靈，或凡人經驗中，他不能接受這種事。他說：「我閱讀有關這課題的書籍。但沒有任何書籍能夠解釋，神怎能夠好像聖經宣稱那樣，赦罪和將罪忘記。全知的神怎能夠真的忘記？」

如果沒有瑪嘉烈耐心地示範凡人的饒恕，赫伯永遠都不能相信神的饒恕。經過多年掙扎後，他終於能夠相信。每當他開始產生疑惑時，瑪嘉烈都會溫柔地提醒他，神事實上已經饒恕了他的一切。[11]

註釋：

1. Dan D. Allender, *The Wounded Heart* (NavPress, Colorado Springs: 1990), p. 61.
2. E. M. Pattison, "On the Failure to Forgive or be Forgiven," *American Journal of Psychotherapy*, 31 (1): 106～115.
3. Richard E. Ecker, "Whatever happened to grace?" *Perspectives*, March 1992, Vol. 7, Number 3, p. 14.
4. Dennis and Matthew Linn, *Healing Life's Hurts: Healing Memories Through the Five Stages of Forgiveness* (New York: Paulist, 1979), p. 151.
5. R. Lofton Hudson, "*Grace Is Not a Blue-Eyed Blond*" (Waco, Texas: Word, 1972), p. 72 (引自：*Forgiveness*, Dan Hamilton [Downers Grove: InterVarsity Press, 1980], p. 6。
6. 雖然創世記五十章26節提醒我們創世記三章19節第一個對罪的審判，創世記五十章15至21節則提醒我們創世記三章15節第一次應許賜下救恩。
7. Lyman T. Lundeen, "Forgiveness and Human Relationships," 收錄在 *Counseling and the Human Predicament*, ed. Leroy Aden and David G. Benner (Grand Rapids: Baker Book House, 1989), p. 188。
8. Lundeen, p. 180.
9. Lundeen, pp. 184, 196.
10. Lundeen, pp. 191～192.
11. Gregg Lewis, "Broken, But Forgiven," *Marriage Partnership Magazine*, Spring 1988, p. 93.

2

饒恕的可能

在《神聖、人性》(*Being Holy, Being Human*) 這本書中，凱斯勒 (Jay Kesler) 引述韋斯特 (Eric Webster) 的話：「應付人並不太困難，你需要的只是無限的耐心、無盡的洞見、無比穩定的神經、無法動搖的意志、果敢的判斷、不會受損的體格、不受壓抑的精神，加上對所有人無偽的愛，以及極多經驗。」[1]我們這些不符合以上條件的人，會因為我們的主不斷的幫助而歡欣。祂滿足自己不完美的僕人的特別需要。

我們可以從哪裏找到饒恕和接受饒恕的能力？而身為往往感到氣餒的福音使者，我們可以從哪裏找到能力教導、勸導和示範饒恕？聖經的答案是：我們可以在神裏面，以及祂給我們的恩典所賜下的能力，找到這種幫助。

饒恕的可能植根於神的品格和行動。如果我們活在其中的宇宙，並不是由基督教的神創造和管理，便不會有饒恕的希望。我們自己的罪得到饒恕，我們饒恕得罪我們的人，以及饒恕自己的罪，都是因為神的本性和祂已經完成的工作才變得可能。

正如基督徒生命的其他恩典一樣，饒恕首先而且最主要源自神自己的品格。因此，在思想給予和接受饒恕的可能時，必須從神的品格開始。

神的饒恕植根於祂永恆的品格

摩西領導以色列人時遇到重重困難。在因為他們拜金牛犢而審判他們這個最大的危機中，摩西害怕自己會失去神的同在，祈求得見神的榮耀（出三十二～三十四章）。神的回應是藉著宣告自己的名是「耶和華」，以及這個名字包含的道德品格，向摩西顯現。

> 耶和華在雲中降臨，和摩西一同站在那裏，宣告耶和華的名。耶和華在他面前宣告說：「耶和華，耶和華，是有憐憫有恩典的神，不輕易發怒，並有豐盛的慈愛和誠實，為千萬人存留慈愛，赦免罪孽、過犯，和罪惡，萬不以有罪的為無罪……」
>
> 出三十四5～7

在這個聖經其後一再出現的揭示（例如：尼九17；詩八十六15；珥二13）中，神表明饒恕是祂本性的基礎。正如我們稍後會研究，神也表明，饒恕和現實地對待人類的罪帶來的罪疚感並非不相容的。

神在甚麼時候開始成為赦罪的神？在十字架上？在出埃及時？還是在向撒但宣告審判，給墮落的人類第一個應許：他們會有一位救主的時候（創三15）？聖經驅使我們推斷，饒恕是神永恆品格的一部分！在還未需要有這種品格之前，饒恕已經是神的本性！

- 「……這恩典是萬古之先，在基督耶穌裏賜給我們的」

（提後一9）。

- 「就如神從創立世界以前，在基督裏揀選了我們，使我們在他面前成為聖潔，無有瑕疵」（弗一4）。

如果神拯救我們的計劃這個無可比擬、無始無終的奧祕，在罪出現之前已經存在；在人的心仍未選擇邪惡之前，神已經擁有一顆饒恕的心！這是我們無法解釋的；但使徒以感恩回應這個真理（帖前一4～6，二13；彼前一20～21），我們也只能好像他們那樣讚美神。祂是這種祝福的源頭。

神的饒恕是無可比擬的

我們能夠饒恕別人這個盼望，是建基於神自己的饒恕那無可比擬的神奇本質。我們的盼望在於，神的饒恕無法測度地超越我們。我們不應該因此而感到沮喪，反倒應該感到歡欣。

> 我們不能透過分析人類饒恕的本質，明白神的饒恕。神邀請以色列藉著悔改得到救恩時，也加上安慰這個應許，表示祂會施憐憫，廣行饒恕（賽五十五6～7）。但以賽亞書也說：「耶和華說：我的意念非同你們的意念；我的道路非同你們的道路。天怎樣高過地，照樣，我的道路高過你們的道路；我的意念高過你們的意念。」（五十五8～9）因此，我們只能夠將神的饒恕，當為真正全新和驚人的救恩信息來聆聽和接受……我們讀到，神會「……將我們的罪孽踏在腳下，又將我們的一切罪投於深海」（彌七19）；祂也會使我們的罪像厚雲消散，如薄雲

滅沒(賽四十四22)，並將我們的罪扔到祂背後(賽三十八17)。身為以色列的神，祂這一切都是沒有誰能夠相比的。「有何神像你，赦免罪孽……？」[2]

這事實應該為我們帶來很大的安慰，因為聖經讓我們看到神的饒恕，是我們能夠得到和永遠長存的，而且完全無可比擬。我們的罪永遠都不能窮盡神的憐憫，這給我們多大的盼望啊！

但神還以祂本性的另一個真理，幫助我們，使我們有可能饒恕。

神的饒恕伴隨著祂實際地看待罪

我們絕對不能因為饒恕是神的本性，便推斷祂對罪毫不計較。例如：我們在處理自己的情感創傷的過程中，願意再次經驗在別人手下受苦時，需要明白，我們在拒絕忽略自己受到錯誤對待時，有神作為我們的榜樣。神饒恕罪，肯定不是對過錯的嚴重性視而不見。神並非因為從沒有真正發怒，所以能夠很輕易便饒恕。我們對那些傷害我們的人的憤怒，至少在一個方面和神的憤怒相似──那憤怒是真實的。神從沒有避開人類邪惡行為的本質。

- 「……赦免罪孽、過犯，和罪惡，萬不以有罪的為無罪……」(出三十四7)。
- 「禍哉！那些稱惡為善，稱善為惡，以暗為光，以光為暗，以苦為甜，以甜為苦的人。」(賽五20)
- 「我們若說自己無罪，便是自欺，真理不在我們心裏了。我們若認自己的罪，神是信實的，是公義的，必要赦免我們的罪，洗淨我們一切的不義。我們若說自己沒有犯過罪，便是以神為說謊的，他的道也不在我們心裏了。」(約壹一8～10)

聖經信息其中一個十分清楚的真理是，神的饒恕並不是藉著將人類的罪淡化或相對化。相反，聖經啟示的神，真實和一貫地對罪感到憤怒。

「在聖經中，神的饒恕永遠都不是甚麼都不計較的愛，祂也不是**瞎了眼**；神的饒恕是由真正的**憤怒**，轉向真正的**恩典**……聖經的信息[是]禧年和饒恕。這信息和明白神對人的罪感到憤怒聯繫在一起。」[3]

神對邪惡這種合乎現實的憤怒，可以一貫地從耶穌的生命和事奉中看到。很重要的是，耶穌這「神的羔羊，除去世人罪孽的」(約一29)，祂「像羊羔被牽到宰殺之地」，以祂無罪的靈魂背負「我們眾人的罪孽」。這同一位耶穌默默、順服地為我們受苦(賽五十三6～7)，但祂對罪卻是堅決地充滿憤怒。在審判時，邪惡的人會呼喊，要躲避「坐寶座者的面目和**羔羊的憤怒**」！

因此，我們發覺，神的饒恕是一個奇迹。這個奇迹的實現，沒有一刻忽視人類罪惡的真實和破壞力。神的恩典對有罪的人心帶來衝擊，在真正邪惡的黑暗背景中，顯明這恩典。

- 「因為，他的怒氣不過是轉眼之間；他的恩典乃是一生之久。一宿雖然有哭泣，早晨便必歡呼」(詩三十5)。
- 「我必醫治他們背道的病，甘心愛他們；因為我的怒氣向他們轉消。」(何十四4)

這將我們帶到源自耶和華自己的饒恕另一個獨特的元素。

神的饒恕包含在祂的公義中

我們知道新約的主要問題，其實也是整本聖經的主要問題是：「神怎能夠公正，同時又宣告罪人為義？」神怎能夠真正對罪感到憤怒，真正懲罰罪；但同時又真正饒恕罪人，而仍然維持自己的神聖和公正？

在這裏，福音指向十字架，以它作為神公義的焦點。正是在那裏，當神的兒子代替我們承受神的憤怒時，福音向我們顯明，神多麼認真地看待罪，多麼公正地實現赦罪的恩典。罪債已經付清；罪已經受到公正的懲罰。在十字架上，神的憐憫和恩典解決了公平地懲罰我們的罪這個難題。但那並不公平！要耶穌為罪人——為我的罪——受苦，並不公平！不，那並不公平；但在這裏，在這極大的不公平中，有一份力量，不單令神有可能饒恕我，更令我能夠學習饒恕那些傷害我的人！我們從神對我們的饒恕中學到，饒恕和公平沒有任何關係。饒恕解決了公平的判罰這整個問題。

能夠饒恕的核心是，神饒恕是因為祂的公義得到滿足，這公義得到滿足，是由於祂藉著將自己的獨生子賜給我們以表明祂的愛，並藉此提供代贖。正如這個解決方法是「不公平」的，神充滿憐憫地接納這不公平，將這不公平吸收到祂自己心中！

神聖滿足的教義

神聖滿足的教義是聖經的教導，基督代替我們獻出祂無罪的生命，承受我們的罪那完滿和合宜的懲罰，承受神的律法要求罪人承受的一切，從而永久地滿足神的公義，令我們得以脫離為自己的罪代贖所需的一切責任。

> 代贖植根於神的愛和公義；愛給罪人一條出路，而公義要求律法提出的條件得到滿足（約三16；羅三24～26）。代贖……令神得到滿足……基督……透過背負罪的刑罰，和滿足律法的要求，為人類的罪代贖，從而為人類帶來永恆的救贖……受到冒犯的一方自己為代贖提供條件……[4]

這教義和我們有能力饒恕那些傷害我們的人有甚麼關係？那關係只是：藉著聖靈的能力，我們可以分享神的滿足，即使我們在與傷害我們的人的關係中只得到很少，甚至沒有得到任何滿足。這是神聖滿足的神學在心理方面的偉大含意。

如果有人傷害了我，我可能感到需要滿足某些條件，才能夠饒恕對方。例如：我可能認為，只有在對方承認自己犯錯、錯誤受到懲罰、錯誤地從我奪去的東西，必須歸還給我時我才能夠感到滿意。讓我們逐一考慮這幾點。

我可能感到，對方必須承認自己犯錯。在最好的情況下，得罪我的人會看到那錯誤，向我認錯。但假如對方不承認自己犯錯，那又怎樣呢？

雖然傷害我的人可能不承認錯誤，但我在天上的父神卻承認了。因此，惟一可以完全和準確地衡量罪行的本質的那一位，同意我真的受到傷害。惟一能夠明白我的痛苦真的有多深的那一位（神），和我一起面對那苦難的真實。(賽六十三9,「他們在一切苦難中,他也同受苦難……」)這樣能夠令我滿意嗎?

我可能感到那錯誤必須受到懲罰。在最好的情況下,有罪的人被定罪,為自己的罪行接受合理的懲罰。但假如傷害我的人,從未遇到任何人因為他們的所作所為而指摘他們,那又怎樣呢?罪犯可能不會受到懲罰,但我的救主基督卻受了懲罰。正如祂為我犯的罪而死,祂也為別人對我所犯的罪而死。公義在至高的法院實現!我想,如果折磨我的人——有限的受造物——為自己對我犯下的過錯付上代價,我會感到滿意。但實際上付上的代價卻昂貴得多,那就是神兒子無限的生命!這樣能否令我滿意?

我可能感到,被錯誤地從我奪去的東西,必須歸還給我。但很少能夠這樣。罪犯往往不能歸還他們「偷去」的東西。童年受到虐待、因為配偶不忠而婚姻破裂、友誼因為被朋友出賣而受到破壞。有太多東西都是失去後,其他東西難以代替的,因為它們在不能挽回的時間中失去。犯錯的人可能不願意或不能夠為已經做了的錯事作出補償。

但神應許祂會這樣做!神最終會在天堂恢復失去了的一切,現在在基督的身體這個帶來醫治的團契中,部分失去的也得以挽回。

神因為祂的兒子受苦而給祂滿足(「他必看見自己勞苦的功效,便心滿意足……」賽五十三11),神也會因為我們受苦而滿足我們(「至於我,我必在義中見你的面;我醒了的時候,得見你的形像就心滿意足了。」詩十七15)

現在我能夠因為神應許會滿足我而感到滿意嗎？我能夠接受傷害我的人不作出補償嗎？我能夠透過對神的信任，找到恩典饒恕犯錯的人嗎？因為神已經完成的工作，以及因為祂是神，這一切都是可能的。

我可以怎樣達到這個得到滿足，以及擁有神的滿足的層次？聖父因為聖子的犧牲得到滿足；聖子因為聖父令祂復活和高升而得到滿足；現在聖經似乎表示，聖靈能夠以神聖的滿足帶來的結果充滿我。基督那得到滿足的心已經賜給我們；我們也得到指示，我們可以經驗祂心靈的態度（「我們是有基督的心」林前二16；「你們當以基督耶穌的心為心」腓二5）。

聖靈將你從死亡帶進生命，賜給你新生命時；聖靈令你開始成為新的創造（林後五17）時；聖靈轉化你對生命的抉擇和關於世人的思想，開始「更新你的心意」（羅十二2）時；都在你裏面創造了耶穌的心。

> 要使傷害我們的人得到醫治，我們的犧牲永遠都不足夠。我們的饒恕，不能和配偶犯的罪相稱——當這種饒恕一定只能夠來自我們時，也是這樣。但如果饒恕是一種工具，它也是一種有力的工具，它的力量來自我們以外的源頭。我們可以使用這工具；我們可以小心和自覺地將它應用到配偶身上；但給它力量的是耶穌基督。祂是饒恕那帶來改變的愛的真正源頭。而神兒子的愛是無限的。[5]

小旺格林（Walter Wangerin Jr.）從自己的經驗中說出這些話。他傷害了妻子塞恩（Thanne）溫柔的心靈，但卻得到她饒恕。請聆聽他們的經驗。這經驗很好地說明分享神這份滿足的心靈，可以怎樣給予超過人類可能做到的饒恕：

塞恩不能饒恕我。這是清楚不過的事實。我的罪比她饒恕的能力更大，比她的仁慈維持得更長久，壓制的程度超過她的良善。那不是單一或一連串行動，而是我的本質。我的罪謀殺了她的靈，邪惡地冒犯了她惟一的身分——漫不經心地假設她的同在，彷彿她是一件家具。我令她破碎。一個破碎的人怎能夠同時完整得足以饒恕？不！塞恩受造為有限的人，她不能饒恕我。

但耶穌能夠。

一天，塞恩站在我書房門外，看著我。我坐在椅子上，轉過身來，發覺她並不憤怒。細小的塞恩，脆弱、親愛的小塞恩，她沒有怒目相向，而是以溫柔、探問的眼神凝視我。她的出現和她的表情都完全是意想不到的。她完全沒有理由站在那裏。我沒有遺漏任何細節，但有整整一分鐘，我們望著對方；然後她走到我旁邊，輕觸我肩頭，對我說：「沃利，你會擁抱我嗎？」

我從椅子跳起來，用雙臂圍繞著她，將我的妻子，我的妻子緊緊擁入懷中。我倆都哭了。

我會擁抱她嗎？啊，但更好的問題是：她會讓我擁抱嗎？而她讓我這樣做。親愛的主耶穌，她突然、不尋常、不應該地願意讓我觸摸她、擁抱她、愛她。這究竟是從哪裏來的？不是來自我

> 的！我毀掉她。也不是來自她，因為我已經殺死了她的這一部分。那是來自祂的！
>
> 我們以前有多頻密地擁抱？次數多得我不能數算。那些擁抱曾經是多麼美好？美好得我不能量度。但這個擁抱——你知不知道——是我的拯救。它和其他擁抱都不同，而且更非比尋常，因為這個擁抱是我永遠都不應該得到的。那就是饒恕！法律沒有了。權利都被放棄。取而代之的是憐憫。我們再次結婚。是祂，基督耶穌，在我懷中——在我充滿恩典的塞恩裏面。單單一個普通的擁抱，便令我們恢復生氣。
>
> 塞恩給我一份禮物。她給我一個細小的塑膠女性人像。這個人像雙眼朝上面看，嘴巴歪向一邊，舌頭伸了出來。那是一張漫畫的面孔。現在我將這份禮物放在書房。
>
> 人像底部刻有這句話：「我愛你愛得令我痛苦。」[6]

事實上，饒恕的愛可能帶來痛苦。對旺格林夫婦來說，這是經驗饒恕的奇迹一個相當有力的開始；但當他們開始實踐饒恕，和嘗試保存饒恕的成果時，便要面對艱巨的工作。因此，讓我們考慮一些能夠令這艱巨的工作變成比較容易忍受的事情。

提高饒恕的可能性

如果我緊記饒恕不是甚麼，便會大大增加饒恕那些傷害我的人的可能性。

饒恕不是忘記。很快忘記傷害只是將它壓抑，而壓抑不能帶來真正的醫治。情感的創傷，記憶的刺痛，以及對我的冒犯佔據著我的心思，這一切都可能隨著時間過去而漸漸褪色，對情緒的影響也會減低。但饒恕並不會消除記憶。饒恕使我們能夠控制記憶，開始不帶怨恨地回憶。重建關係可能涉及一起創造新的、更好的記憶，但這和極力嘗試「親吻和重修關係」，藉著瘋狂地計劃新經驗、新地點或新的擁有物作為掩飾，隱藏不好的記憶都不相同。

饒恕不是辯解。醫治情感創傷的其中一部分是重新解釋那傷害，包括看到傷害我的人，跟我更相似，而不是更不同。

> 我可能沒有性侵犯兒童，或者藉著中傷或謊言破壞別人的聲譽，或者因為通姦而破壞婚姻；但我也能夠做這一切行為。除非我能夠看到，「如果不是神的恩典，我也會犯這些錯」，否則我不能經歷自己受到的深深傷害得到完滿和完全的醫治。當我透過看到自己和傷害我的人，基本上有相同的構造，從而和他們認同；我便能夠——也只有這樣，我才能夠明白自己對他們的反應，並完全消除那憤怒。只有這樣，饒恕才會變成不是一種俯就的行動，這種行動永遠都不是真正消除怒氣的理想基礎。[7]

但明白我和傷害我的人有共同的人性，並不等如為對方辯解。人們有某些行為，背後總有原因，有時如果我們知道那些原因，也會認為是言之成理的。不過，原因和人性的共同軟弱，都與辯解不同。

辯解傾向掩飾邪惡以及個人對傷害別人應負的責任。事實上，為壞行為開脫，是我們社會愈來愈流行的心態。

惠頓學院（Wheaton College）的蘭丹（Roger Lundin）教授講述學生對他一條測驗題目的反應。「那條題目要求學生，根據彌爾頓（John Milton）《失樂園》（*Paradise Lost*）卷九的內容，描述墮落的後果。大部分答案都集中討論亞當和夏娃關係的不和諧，他們的羞恥，以及他們對神的看法徹底改變。但有幾份考卷卻包含令人驚訝的回應。這幾份答案都以和以下差不多的主題句子開始：『墮落的主要影響是，令亞當和夏娃改變了他們的生活方式。』多年以來，我關注的是，當我向學生講述這個故事時，很多學生都不明白，他們將亞當、夏娃被神從伊甸園驅逐，淡化為只是生活方式改變，包含多大的危險。如果每一個行動，都只不過是個人的眼光，他們的獨特『風格』；在這樣的世界，選擇敬拜哪位神，和選擇吃甚麼味道的雪糕，沒有任何分別。」[8]

如果容許別人對我們的過犯，或者我們自己的過犯，變成只是生活方式方面的問題；而我們將每個過犯都歸咎朋輩壓力，或受到別人苦待的經歷；我們便不需要饒恕，因為一切行為都是可以原諒的。

事實上，我們在人際衝突中對彼此所做的大部分事情都是不可原諒的。試圖開脫會妨礙真正饒恕的努力，而且當記憶最終變得更誠實時，更往往會變成怨恨。

饒恕不是忽略。我可以試圖忽略受傷的感受，甚

至忽略傷害我的人，在自己的思想中假裝那件事從沒有發生過，或者將那件事淡化。其中一個形式可能是假設「時間能夠醫治一切創傷」，嘗試耐心等候痛苦離去，或者直至傷害我的人認錯、悔過、接觸我、提出補償。但忽略或忽視錯誤，是試圖藉著選擇性記憶改變事實，這並不能帶來真正的醫治。

饒恕不一定是給予無條件的信任。有時，我可能辨別出對方的懊悔是真誠的，足以改變行為；因此我可以決定，自己能夠安全地完全信任對方，毋須提防自己再次受到一再發生的傷害。不過，在另一些情況下，我卻需要小心。我絕對不能假定，我永遠都不會再受到同一個人以相同的方式來傷害我。因此，我應該採取行動，儘量減低那個可能性。我可以真的饒恕過往的過犯，同時又小心提防傷害我的人。饒恕和有限度的信任並非總是不相容的。

這些都是關於饒恕過程的真實性質常見的誤解。饒恕是相當困難的工作，沒有人希望背負不可能實現和令人失望的任務帶來的重擔！事實上，避免這些誤解，可以大大減輕饒恕的擔子。

經歷饒恕的可能

在以下幾章，我們會進一步研究饒恕的真正性質，以及**接受饒恕**的一些步驟。但在這裏，讓我們先簡單地看幾個在饒恕過程中，**對受害人**有用的步驟。

要實現饒恕，你需要：

思想自己怎樣得到饒恕。當我準備饒恕別人時，必須記得，自己並不比那些罪人優勝。我可能從未犯

過和他們完全一樣的罪，但我和他們的相似程度，仍然遠遠高於我和公義的神的相似程度！當我活出自己的破碎、需要和受傷（或自私）時，我也傷害了別人。

我必須花時間回想自己對別人，對朋友、配偶、父母和同事犯過的一些特定的罪。我必須記得自己對窮人、另一個階層或種族的人，或者不小心地對陌生人，犯了忽略這種罪行或行為——即使這些罪是在很久以前犯下，而且我已經悔改。我也必須思想，自己怎樣在想像或欲望中犯了自己實際上沒有犯的罪。

這一切都是我應該做的。這不是要令自己為了以前已經蒙饒恕的罪，再次受到罪疚感的壓迫；而是要再次因為神對我的憐憫，感受到充滿歡樂的感恩，並準備「正如神在基督裏饒恕了我一樣」，饒恕別人。

要實際。只有當我實際地以兩種方式進行，才能夠成功地完成饒恕的步驟。那兩種方式是：正確指出別人對我犯下的罪；限制自己對饒恕帶來甚麼結果的期望。

在指出自己受了甚麼苦待時，我必須既不淡化，也不誇大那罪。

派克（M. Scott Peck）在討論個人家庭中的邪惡時告訴我們，我們必須正視自己受傷的現實。「在為人父母時接納邪惡，可能是一個人能夠應邀面對的心理任務中，最困難和痛苦的一種。大部分人在這方面都失敗了，成了它的受害人。那些完全成功地培養出必須的敏銳洞察力的人，正是那些能夠指出那罪的人。因為「接納」的意思是「到達那個名稱」。身為治療師，我們有責任盡自己所能，幫助受邪惡苦待的人到達他們痛苦的真正名稱。」[9]

這樣誠實地探索過去，可能會帶來很大的痛苦，但也可能會帶給我們一些真正的安慰。

> 我們害怕在我們無意識的黑暗房間裏面的怪獸。當我們扭開真理的燈時，這些怪獸總會縮小。這是從精神分析的角度，理解洞見那治療性本質的核心。根據精神分析的理解，洞見可以形容為對自己意識和無意識的感受和思想的知識。這些感受和思想有建設性地改變我們對自己和別人的理解，令感受和思想都和現實更一致。治療性洞見不單指得到某些關於自己的資料，而是在我內在和外在世界之間，我過去和將來之間，我心裏無意識和意識之間的聯繫。相對於單純的知識，真正的洞見總能夠促進醫治和成長。[10]

醫治所需的智力活動能夠將真理聯繫到處境中。我們因為別人的苦待，情感受到傷害時，我們的理解也可能被扭曲。要產生醫治，我們的觀念必須和現實，和真正發生的事情一致。再次，在嘗試饒恕傷害我的人時，對饒恕的行動會帶來甚麼結果有期望，也是十分重要的。首先，我應該清楚知道，饒恕可能不會醫治我和傷害我的人之間的關係。那人可能不會承認自己犯了錯，可能仍未準備好接受我的饒恕，或者可能以其他方式，仍未準備好改變。我必須嘗試不理會這些後果而給予饒恕，因為我現在選擇這樣做，不是由於我期望這樣會令對方好像我希望那樣給予回應。這樣的回應或許能夠令我對得罪我的人產生比較好的感覺，但我不能被他們會或不會做甚麼所束縛。同樣，我絕對不能期望我的饒恕會立刻令自己比較好受。即使我在饒恕了傷害我的人後，仍然感到憤怒或傷痛，我也絕對不能懷疑自己饒恕的真實性。

最後，我必須明白，饒恕很少是一勞永逸的事情。我通常都必須一再饒恕。(記得我們在第一章討論路加福音十七章1至10節嗎？) 以後每一次給予饒恕，都令以前的饒恕更完整，但通常只有神才能夠一次便完全地饒恕！

分擔痛苦。在面對事實和接受重複饒恕這個重擔時，我可能發覺自己再次經歷最初受到傷害時的痛苦，甚至需要輔導員幫助，或者至少需要有同情心的朋友安慰。

分擔經驗能夠奇妙地減輕擔子。讓樂意同情地聆聽的人分擔我們的痛苦經驗，就是容許他們背起我們的重擔，從而和我們分擔。這樣，我們的擔子便會減輕，我們的力量也會增強。(加六2，「你們各人的重擔要互相擔當……」)

聖經描述基督背負我們的重擔，帶著我們的哀傷，承擔我們的疾病和軟弱，從而醫治我們 (賽五十三4；太八17) 。因此，當我們感到自己被傷害、失望、損失或過去的痛苦重臨淹沒時，應該記得耶穌隨時準備分擔我們的重擔。

但讓主分擔我們的經驗，並不表示不應該在可能時，讓其他人分擔那些經歷。有時，讓神分擔我們的感受，是預備讓別人分擔那感受的一種方法。在另一些時間，困難似乎更容易讓其他人分擔；在這種情況下，神的愛透過別人的愛傳遞給我們。

接受饒恕可能需要一段時間。我們已經看到，饒恕不是震盪療法，能夠立即抹去我們對受苦的記憶；我們也發現，饒恕不是只需服食一次的藥物，毋須重複。而且，我們需要明白和接受一個事實，饒恕，特別是對比較嚴重的傷害的饒恕，可能是長達多年，甚至延續至終生的旅程。有些衝突可能要到末日復活時才能夠完全得到醫治！但神希望我們現在就開始尋求醫治；正如在祂眼中，我們已經從死亡中復活，得到靈性的生命，並繼續接受祂給我們力量的恩典和能力。

明白「饒恕並忘記」是甚麼意思。神告訴我們，饒恕我們後，祂「不再記念」我們的罪惡（耶三十一34；來八12，十17）。由於我們要好像自己得到饒恕那樣饒恕別人，神是否期望我們，按字面意思，忘記別人對我們的傷害？答案在於神實行的是哪一種「忘記」。神是全知的，祂知道任何時間，時間的每一刻，可能發生甚麼事。神忘記我們的罪的意思，不可能是我們的罪從祂的記憶中失去。因此，忘記的意思一定是，神饒恕我們時，撤消我們應得的懲罰。祂不再以我們的罪威脅我們。我們過往的罪責，並不是祂將來對待我們時要考慮的因素——除了繼續祂的饒恕和帶來醫治的憐憫外。因此，當我們「忘記」別人對我們的傷害時，表示我們將來不會「利用」那傷害作為懲罰對方的理由。我們不會再提出那是彼此之間的問題，不會在爭執時用那傷害作為武器，不會不斷向別人提起那傷害。我們也決意不在心裏不斷想著那傷害。這就是「饒恕並忘記」的意思。

最後，學習怎樣打破以充滿怨恨的思想自我奴役

的枷鎖。不斷想著過去，會讓已經遠去，只存在我們心裏的事情，令我們今天感到難受。自憐帶來憤怒，憤怒可能引致怨恨，最終可能變成抑鬱。要緊記在處理我們對嚴重傷害的記憶時，以下幾點可能是過分簡化，但對人際交往中更常見的痛苦，卻可能有幫助。藉著以下方法，可以在最初的階段打破不斷回想的捆鎖。

1. 每當你開始回想自己的損失時，花兩分鐘思想那件事（自己計時）。那過錯是令人難過的事實，你的平靜受到損害也是真實的，但你不能容許自己被那過錯癱瘓。饒恕能夠令你愈來愈有能力控制記憶。當那傷害進入你的意識時，你有自由選擇回想它，也有自由不理會那些思想。
2. 以禱告結束那兩分鐘時間，將你的傷痛交給神，祈求祂幫助你拋開那傷痛。祈求神給你耶穌應許賜下的自由（約八36）。
3. 起來，轉而處理一件現在需要處理的例行工作或任務，有效地將精力投放其中。如果這是娛樂的時間，便專注於好好享受！最好的做法是打開聖經，找一段描述神的尊榮的經文（很可能是詩篇的詩歌），專注於神屬性的這個部分，和神屬性的美麗，可以將我們自己的損失減低。（記得腓立比書四章8至9節那段關於「這些事你們都要思念」的經文嗎？神本身就是「可敬」、「公義」、「清潔」、「可愛」、「有美名的」。祂也是「賜平安的神」、「必與你們同在」。）

註釋：

1. Jay Kesler, *Being Holy, Being Human* (Waco: Christianity Today, Inc. and Word, Inc., 1988), p. 49.
2. G. C. Berkhouwer, *Sin* (Grand Rapids: Wm. B. Eerdmans Publishing Co., 1971), p. 387.
3. Berkhouwer, p. 392.
4. Lous Berkhof, *Summary of Christian Doctrine* (Grand Rapids: Wm. B. Eerdmans Publishing Company, 1938).
5. Walter Wangerin Jr., *As For Me and My House* (Nashville: Thomas Nelson Publishers, 1990), pp. 90～91.
6. Wangerin, pp. 90～91.
7. David G. Benner, *Healing Emotional Wounds* (Grand Rapids: Baker Book House, 1990), p. 102.
8. Roger Lundin, "The Ultimately Liveral Condition," *First Things*, April 1995, p. 25.
9. M. Scott Peck, *The People of the Lie*, 引自 *From Fear to Freedom*, Rose Marie Miller (Wheaton: Harold Shaw Publishers, 1994), p. 85。
10. David G. Benner, *Healing Emotional Wounds*, pp. 91～92.

3

饒恕的必要

神經病學家薩克斯醫生（Dr. Oliver Sacks）在英國的《格蘭特》（*Granta*）季刊發表了一個題為「冷藏」（Cold Storage）的奇怪故事，《紐約客雜誌》（*New Yorker Magazine*）也報導了這個故事。[1]薩克斯醫生描述一個他稱為托比叔叔（Uncle Toby）的病人。他在一九五七年在倫敦見到這個病人。當他們登門診治一個患病的兒童時，另一位醫生看見托比叔叔動也不動地靜靜坐在房間一角。當醫生問及托比叔叔時，那個家庭的人輕描淡寫地說：「那是托比叔叔。這七年以來他都很少移動。」

托比叔叔開始減少活動時是漸進的，人們幾乎沒有留意到。後來，他的靜止變得那麼深，以致他的家人只能夠接受。薩克斯醫生報告說：「他們每天餵他食物和供水給他。他真的沒有帶來甚麼麻煩⋯⋯大部分人都從不留意他。他只是安靜不動地坐在一角。人們沒有視他為病人；他只是停了下來。」後來證實托比叔叔的甲狀腺出了問題，令他的新陳代謝速度減慢到接近零。他的體溫需要用特別的探熱針量度，只有華氏六十八度，比正常人的低了三十度。用薩克斯醫生的話說，托比叔叔「活著，但沒有活力；處於中止狀態，被冷藏。」在幾個星期內，醫生給托比叔叔份量逐漸增加的甲狀腺素，他的體溫也穩定地回升。他很快便開始行走和説話。薩克斯醫生説，在一個月內，托比叔叔便「甦醒」了。

這個個案研究餘下的大部分內容，詳細描述托比叔叔和醫生非比尋常的情況。對托比叔叔來説，過去的七年一刻也沒有過去。醫生則嘗試決定，怎樣才能夠最好地勸托比叔叔明白自己的處境。但接著，這個故事突然有一個不幸的發展。醫生發覺托比叔叔有一個嚴重惡性、迅速增大的燕麥細胞 (oat-cell) 腫瘤。他們找到七年前拍的X光片，發覺一些癌症的初步徵狀，是當年的醫生沒有留意到的。通常這種癌症患者會在幾個月內去世。薩克斯醫生寫道：「但托比叔叔的癌症，似乎和他身體的其餘部分一樣，受到抑制，被冷藏。」一旦醫生令他的體溫回復正常，癌細胞的生長也迅速加快，托比叔叔也在幾天後便去世。[2]

這個故事説明了一個情感和靈性原則。得不到饒恕的罪，或沒有因為饒恕而得到消除的憤怒，最終只會損害我們。對我們的憤怒，我們可以否認、壓抑或「冷藏」，但那憤怒終有一天會再次生長！未經饒恕的罪、憤怒或怨恨必定會毒害我們的身心靈，即使只是緩慢地進行。聖經對此有鄭重的見證。例如：想一想大衛，他試圖避免處理自己的罪。他告訴我們：

> 我閉口不認罪的時候，因終日唉哼而骨頭枯乾。黑夜白日，你的手在我身上沉重；我的精液耗盡，如同夏天的乾旱。我向你陳明我的罪……

你就赦免我的罪惡。

詩三十二3～5

經驗肯定了聖經的見證，並發現憤怒的人受到的捆綁，其破壞性並不比犯罪的人受到的捆綁低。作家格恩齊(Dennis Guernsey)寫道：「我一生中只真正憎恨過一個人。我指的是強迫性的憎恨，你不能放棄的憎恨。憎恨的經驗仍然鮮活地留在我的記憶中。我最記得的是那憎恨會令人上癮。我變得喜歡想起自己對那人的感受，自己幻想希望他會遇到甚麼事。有關激起我憎恨的情況的思想是揮之不去的。很快我便發覺，那憎恨控制著我，而不是被我控制。我已經不能自拔。」[3]

我們心懷怨恨，而且往往是針對自己。這種得不到消除的憤怒，可能引致身體疾病，令關係受到傷害、得不到醫治。「嘗試做一個簡單的實驗。緊緊握著拳頭。這樣維持一分鐘已經足以令你感到不適。想一想如果這樣緊握拳頭，令那張力持續幾星期、幾個月、甚至幾年，會有甚麼事情發生。很明顯，那個拳頭很快便會成為身體一個有病的部分。」[4]

你可能藉著不饒恕傷害你的人，感到某種由報復產生的滿足，但幾乎毫無例外的是，你對自己造成的傷害會更大。不久後，你可能感覺不到心靈中緊緊抓著怨恨帶來的痛苦，但這樣加諸自己的麻木，對你一生都會產生影響。

明白未經消除的憤怒，可以怎樣從裏面使我們麻木和損害我們，要求我們明白憤怒在情感創傷中扮演甚麼角色。

情感創傷心理學

對情感創傷的第一個回應是感到有損失。這種損失往往很快便被憤怒掩蓋，令大部分人都察覺不到，他們對創傷的回應包含這種感覺。情感創傷總是令我們對自己產生貶抑的感覺。我們可能失去自尊，或者感到自己沒有能力或價值。在受到別人傷害時，我經驗到對信任的破壞，就好像有些東西從我身上被奪去一樣。這種經驗通常包含在受到別人的傷害中。事實上，受到某種形式虐待的受害人常有，而且往往含著淚的呼喊是：「我發覺幾乎不可能再真正信任任何人！」

和這種損失的經驗相連的主要感受是脆弱和憂傷。但孤單、被遺棄或被孤立的感覺也往往伴隨著傷害。這些感覺特別清楚地證明，在傷痛的經驗中，損失是多麼主要。被所愛的人遺棄，特別是被支持自己存在的人遺棄帶來的痛苦，很可能和情感上的痛苦同樣強烈。但即使被遺棄的感覺，並不是創傷經驗的一部分，那份有損失的感覺也屬於這種經驗。不能夠走上饒恕的路，必定會令不肯饒恕的人增強這種損失的感覺。

受到傷害後，通常很快便會感到憤怒。如果憤怒驅使我們以行動回應不公義或邪惡，憤怒可以成為很有建設性的力量。不過，憤怒也可能對我們不利，只令我們不留意自己的痛苦，轉而沉迷於對報復的幻想；也可能使我們不恰當地表達憤怒，傷害別人；或者壓抑憤怒，傷害自己。而且，憤怒的表達往往相當隱晦。它可以以很多不同的偽裝出現，每一個偽裝都在某程度上掩飾憤怒的真正核心。這些偽裝包括：抑鬱、懷疑、妒忌、不耐煩、犬儒和被動侵略性行為。憤怒以這些不同面貌的一個或以上，顯示它是創傷經驗的一部分，也是拒絕開始饒恕帶來的持續後果。[5]

阿連德 (Dan Allender) 顯示在治療情感創傷時忽略饒恕會帶來甚麼影響。「我和一位女士談話。她多年以來都以世俗的方式建立界限。她母親是一個惡毒、嚴厲、愛挑剔的人。她寧願毀掉自己的女兒，也不肯承認丈夫曾經侵犯她。多年以來，女兒都定下合適的界限，『好好照顧自己』。她得到更多平靜和安舒，但心靈卻沒有多少快樂或溫柔。她似乎在學習愛自己，但這樣做時，卻失去了將自己毫無保留地給予別人那種合法、榮耀神的興奮。為了保持嚴格的界限，她需要不斷重新肯定她需要保護自己，硬著心腸對待母親一生的哀傷。她由一個意志薄弱的弱者，變成一個憤怒、堅強的女子。而那就叫做成長。」[6]這就是不饒恕的一些感受和困境。正如史密德 (Lewis Smedes) 指出：「如果你不能將別人從他們的過錯中釋放出來，看到他們實際上是有需要的人，便會以自己痛苦的過去奴役自己；並藉著將自己捆綁在過去中，讓自己的憎恨變成自己的將來。你只有透過將別人從他們的過去釋放出來，才能夠扭轉自己的將來。」[7]

身體和情緒都會受損。靈性生活又怎樣呢？你與愛你的主的關係又怎樣呢？聖經提出的警告，用詞很少好像那些針對我們拒絕或不願意饒恕的警告那樣強烈。

「你們饒恕人的過犯，你們的天父也必饒恕你們的過犯；你們不饒恕人的過犯，你們的天父也必不饒恕你們的過犯。」

太六14～15

「於是主人叫了他來，對他說：『你這惡奴才！你央求我，我就把你所欠的都免了，你不應當憐恤你的同伴，像我憐恤你嗎？』」

太十八32～33

但如果可能的話，比這些警告更有力的應該是訴諸我們的心，令我們記起自己怎樣得到饒恕，以及實現這饒恕的愛是多麼昂貴。

所以，你們既是神的選民，聖潔蒙愛的人，就要存憐憫、恩慈、謙虛、溫柔、忍耐的心。倘若這人與那人有嫌隙，總要彼此包容，彼此饒恕；主怎樣饒恕了你們，你們也要怎樣饒恕人。

西三12～13

要脫離在罪犯和受害人之間建立和維持某種「收支平衡」這累人的嘗試，饒恕是必須的。維持「收支平衡」這種社交禮儀的合約式安排，這種終止敵對的和平協議，可能令雙方能夠共存，但卻要不斷維持公平，因為權力平衡的轉移會製造持續的緊張。饒恕藉著奇迹地引入清新和釋放的不平衡，超越制約平衡這個複雜的系統。好像神藉著基督的饒恕一樣，以恩典為開始，以愛那無法量度的力量帶來釋放、驚訝和勝利。

在神面前，我們生命的意義，有賴一種超乎

> 我們的能力。這種能力支持、更新和保存我們。饒恕是看見這種能力的一種方式。它最徹底地給予支持……決定不將任何計算的形式絕對化，作為整全的最終途徑，從而回到人類的場景。權利是重要的，但並不足夠。任何嚴格的計算都不管用……答案是超越公平。饒恕可能由我們或別人開始，但在關係中願意「稍為放鬆一點」正是饒恕所要求，也是饒恕帶進場景中的東西。它能夠藉著容許不公平存在，建立羣體和關係。[8]

饒恕所以是必須的，也是為了人際關係中的誠實。沒有這份誠實，關係的未來總會有危險。犯錯的人認錯，請求饒恕，便是誠實；給予饒恕的人勇敢地重新解釋那傷害，為那情況引入新的事實，也是誠實。直到那一刻，我們受傷的感情傾向扭曲我們對傷害我們的人和自己的觀感。在傷痛中，我們的觀感由我們的感受模塑。要醫治發生，我們的觀感必須符合現實和事實。這樣重新解釋我們的創傷，主要是將傷害我們的人和他們對我們所做的事分開，看見自己並非只有那個創傷。

饒恕的力量包含在「必叫你們得以自由的真理」的力量中（約八32）。要脫離不能挽回的過去，饒恕是必須的。有時我們的痛苦來自受到傷害的記憶，是在我們控制範圍以外的，出賣我們的人永遠都不肯承認；那「怪物」殘暴的行動傷害了很多生命，也令無數人留有傷痕；虐待子女或兄弟姊妹的人到死也沒有悔過，也得不到饒恕。如果我們容許那些可怕的記憶控制我們，這些人會對我們的生命仍然保持力量。他們沒有機會以善補償他們所作的惡，即使他們現在能夠承認自己的過錯，並感到悔疚。我們的記憶也不能抹去。饒恕這艱難的事，有沒有足夠的奇迹，可以在我們的怨忿得不到補償，在我們面對永遠接觸不到的剛硬心靈時，為我們內心帶來一點和平？

聖經給我們這樣的盼望，告訴我們怨恨的根不需要「生出來擾亂(你們)」(來十二15)，而且在「施恩的寶座前」，有一位明白傷痛，有恩典作隨時幫助的大祭司(來四14～15)；那恩典必定包括饒恕的恩典。而且，福音書給我們獲接納到一個家的應許，我們因為不能挽回的拒絕而持續的痛苦，在我們更認識天父和祂兒女那家一般的接納時，會開始消退。聖靈會「與我們的心同證我們是神的兒女……是神的後嗣，和基督同作後嗣……」(羅八16～17)。這樣豐富的愛，令我們能夠忍受情感帳戶得不到償還的不公平。

在浪子的比喻這個最引人入勝的故事中，我們可以看到饒恕的必要。如果我們從大兒子的內心進入這個故事，便能夠從一個特別有幫助的角度看饒恕。

> 一個人有兩個兒子。小兒子對父親說：「父親，請你把我應得的家業分給我。」他父親就把產業分給他們。過了不多幾日，小兒子就把他一切所有的都收拾起來，往遠方去了。在那裏任意放蕩，浪費貲財。既耗盡了一切所有的，又遇著那地方大遭饑荒，就窮苦起來。於是去投靠那地方的一個人；那人打發他到田裏去放豬。他恨不

得拿豬所吃的豆莢充飢，也沒有人給他。他醒悟過來，就說：「我父親有多少的雇工，口糧有餘，我倒在這裏餓死麼？我要起來，到我父親那裏去，向他說：父親！我得罪了天，又得罪了你；從今以後，我不配稱為你的兒子，把我當作一個雇工罷！」於是起來，往他父親那裏去。相離還遠，他父親看見，就動了慈心，跑去抱著他的頸項，連連與他親嘴。兒子說：「父親！我得罪了天，又得罪了你；從今以後，我不配稱為你的兒子。」父親卻吩咐僕人說：「把那上好的袍子快拿出來給他穿；把戒指戴在他指頭上；把鞋穿在他腳上；把那肥牛犢牽來宰了，我們可以吃喝快樂；因為我這個兒子是死而復活，失而又得的。」他們就快樂起來。那時，大兒子正在田裏。他回來，離家不遠，聽見作樂跳舞的聲音，便叫過一個僕人來，問是甚麼事。僕人說：「你兄弟來了；你父親因為得他無災無病的回來，把肥牛犢宰了。」大兒子卻生氣，不肯進去；他父親就出來勸他。他對父親說：「我服事你這多年，從來沒有違背過你的命，你並沒有給我一隻山羊羔，叫我和朋友一同快樂。但你這個兒子和娼妓吞盡了你的產業，他一來了，你倒為他宰了肥牛犢。」父親對他說：「兒阿！你常和我同在，我一切所有的都是你的；只是你這個兄弟是死而復活、失而又得的，所以我們理當歡喜快樂。」

路十五11～32

我們可以利用大兒子以罪疚感裝飾自己：如果我們不能饒恕別人，便好像這個驕傲、憤怒、可憐的哥哥，抱著我比你神聖的態度站在外面的黑暗中，使慈父傷心！我們也可以鄙視大兒子，可能因為我們知道耶穌這個故事是向法利賽人說的，所以選擇將大兒子，而不是我們自己，當作法利賽人。

但我們不要忽略比喻的語氣。耶穌對故事中大兒子這個角色，比我們慣常的態度要溫和得多。祂利用大兒子來懷著愛，迫切地呼籲法利賽人和祂一起因為那些失喪的人得到拯救而歡慶。大兒子不是壞人，他是勤勞的兒子。他父親受到傷害，他也看見父親怎樣受到傷害；他也和我們所有人一樣，需要學習怎樣饒恕，以及和那些傷害我們的人和解。

這個比喻是一個未完結的故事。耶穌可能想富創意地刺激我們的想像力，讓我們在心裏寫出故事的結局。假設大兒子會和弟弟和解，這個饒恕的奇迹需要有甚麼艱難的工作？

首先，大兒子需要承認，他和弟弟的關係有一個基礎。如果他會聽從父親強烈的勸告，便會記起那個基礎：「兒阿……你這個兄弟……」(31～32節)。父親回應大兒子充滿怨恨的話，並要求他重新考慮這句話。大兒子說：「你這個兒子……吞盡了你的產業」(30節)。父親卻嘗試說：「你們**兩個**都是我的兒子！」他們有和解的基礎；他們都需要同一位父親的愛和饒恕。

其次，要和弟弟和解，哥哥需要要求父親幫助，從一個新的角度看弟弟。如果他仍然未能夠信任弟弟，或者相信弟弟回家的動機；他至少需要透過現在，而

不是過去的眼光看弟弟：「你這個兄弟是死而復活、失而又得的」(32節)。大兒子實際上是對父親說：「他竟然敢回來！你看不見那不公平嗎？」父親卻對大兒子說：「他回來了！他回來了！你看不見那個奇迹嗎？」***再一次，要向和解走，大兒子需要接受饒恕，並開始向饒恕邁出一小步。***「大兒子卻生氣，不肯進去。他父親就出來勸他」(28節)。

父親一定很希望兩個兒子能夠完全和解，但現在最重要，也就是在大兒子將問題擴大前需要處理的事情是，他會否參加那個慶祝會？他可能仍然感到憤怒，但他會否讓自己和弟弟之間的距離暫時縮短？他會否嘗試踏出第一步？

在饒恕的旅程中，我們需要從現時身處的地方，而不是我們希望身處的地方出發；即使我們可以想像出更大的意志力，也要從我們身處的地方開始。

史密德博士在描述自己和一位朋友怎樣在痛苦和混亂地彼此疏遠後和解時，回憶道：「饒恕確實臨到。它一陣一陣地臨到，它的涓涓滴滴從我們共同的怨恨水管中滲出，但它確實臨到……它隨著在這裏的不期而遇，在那裏的一個表情，互相問候，以及提示較好的感覺開始流動而臨到。我們跌跌撞撞地走向饒恕……我同意那不是饒恕者技巧的勝利。但醫治往往由瑣事的翅膀帶來……平凡人如果一點一滴地，並為了特定的行動而饒恕，會饒恕得最好……饒恕一點小事已經是一個小小的奇迹；給人完全自由的饒恕則是愚蠢的。沒有人能夠這樣做——除了神。」[9]

耶穌可能想我們就浪子的故事問自己一個問題：

如果大兒子至少跟隨父親走進屋子，那怕只是逗留幾分鐘，會有甚麼事情發生？

第三，要和弟弟和解，大兒子需要接受弟弟自私地離棄家人造成的傷痕。我們這樣說的意思是：首先，大兒子必須接受由弟弟的行為造成的損失。大兒子憤怒是合情合理的。他弟弟辜負了父親的仁慈，留下他收拾殘局。他說：「我服事你這多年……」(29節)。父親承認那是不公平的。他說：「我兒阿，你常和我同在……」(31節)。因此，他向大兒子保證：「我知道，你也受到傷害，我們沒有忽略這件事。我知道這是你難以接受的。」

沒有理由說大兒子的憤怒是過分的。不過，我們卻有理由說，他的憤怒現在可以開始以更能夠令人滿足、全新、和平的將來取代，只要他學習讓「混亂懸在空中」，讓「天平失去平衡」，「接受他們都不能得到的分數變得相等」。接受傷痕也表示，就饒恕需要付出的代價，大兒子需要學習信任父親。他需要聽到父親的話背後的力量和保證：「我一切所有的都是你的」(31節)。他對未來絕對不能感到恐懼；他不會因為饒恕而蒙受任何真正的損失，雖然現在他似乎有損失。好像天父對我們所說的話一樣，那位父親說：「你看見我對你弟弟那麼寬大，也要相信我對你也同樣寬大。」

和這點相關的是，對將來的保證單單來自父親。比喻沒有告訴我們，弟弟可以給哥哥甚麼。我們只知道，他回家是回到**父親**那裏(18節)。他可能不能夠做甚麼來改善自己和哥哥的關係。

但哥哥仍然需要信任父親，接受自己的損失，饒恕弟弟，因為為了父親，也為了自己，他都需要饒恕弟弟。我們已經知道，拒絕饒恕別人，對自己身體和心靈的健康帶來甚麼危險；但這個了不起的比喻還包含另一個原因，解釋為甚麼饒恕是為了我們自己。那就是：我們不應該錯過那慶祝！

耶穌最初說這個故事，是在門徒對祂接待罪人議論紛紛的時候。耶穌看見他們那麼嚴厲，便說了浪子和另外兩個故事，每個故事都以人們聚集在一起快樂地慶祝為主題(路十五5～9、23)。我們饒恕傷害我們的人時，便是加入神充滿歡樂的心，分享祂表達憐憫時富感染力的快樂；我們也反映那饒恕我們的過犯，將我們從叛逆中重新接納我們的愛。耶穌說這些故事描述挽回的喜樂，並非出於偶然。祂希望我們和祂一起參加迎接浪子回頭的家庭宴會！

得不到饒恕的感受

得不到饒恕產生的罪疚感，透過很多不快樂的感受表現出來。這些感受可以分為三大類：害怕受到懲罰，或自己懲罰自己；失去自尊；孤單、被拒絕或孤立。納拉莫爾(S. Bruce Narramore)總結人們在被問及感到內疚時有甚麼感受時給予的回答。以下是他們的部分回答：

> 害怕、不安。緊張，彷彿自己會被捉拿。感到快將受到懲罰。好像如果有人發現，我便會受到懲罰，他們會向所有人高聲說出我做過的事。我的心傾向踢自己幾次。討厭自己。好像一個下

流或一無是處的人。愚蠢、卑劣、悔恨。可憐、可恥。內心墮落、毫無價值。有分離的感覺。孤單和非常沮喪。我感到沒有人愛我——尤其是神。我感到很難喜歡自己。抑鬱以及和別人分離。[10]

似乎受害人的很多感受，都同樣是悔過的罪人在未得到饒恕時的感受。孤單、焦慮、抑鬱、進食障礙、性功能失調、憤怒、討厭自己；這些都是得不到饒恕的人的部分感受。聖經視基督徒的這些感受為「束縛的靈」的一部分，這靈控制著不明白恩典的能力，或者不相信自己可以得到赦罪的恩典的人。

你們所受的，不是奴僕的心，仍舊害怕；所受的，乃是兒子的心，因此我們呼叫：「阿爸！父！」聖靈與我們的心同證我們是神的兒女；既是兒女，便是後嗣，就是神的後嗣，和基督同作後嗣……

羅八15～17上

饒恕是給罪疚感和憤怒的答案。拒絕饒恕就是培養這些十分具破壞力的感受。饒恕並不容易；不過卻是可能和必須的——如果我們希望自己變得整全。

牧養方面的優先性

聖經應許基督徒能夠得到這種自由，牧者在關顧基督身體的成員時，顯然必須以對饒恕的理解為中心。饒恕是那麼重要，因為如果信徒得不到饒恕，或者不肯饒恕，他們的屬靈成長可能會有障礙。得不到饒恕的人極力要聽到聖靈平安和整全的呼喚。不肯饒恕的人抗拒最像基督的德行，所以不能有基督的形像。兩種人都不能以開放的靈和心聆聽宣講出來的聖言。就好像耶穌那個撒種的比喻一樣，聖言被怨恨或恐懼的荊棘擠住（可四1～20）。

牧者關心教會的合一，饒恕是他們必須研究的課題。大部分牧者都經驗過一種失望：有會友因為和其他會友的個人衝突得不到解決而離開教會。很多牧者都聽過這種抱怨：「我在禮拜堂看到某某時，實在不能留在那聖所敬拜！」牧者反對說：「為甚麼不能？基督不是在我們的崇拜中嗎？你來這裏是敬拜祂！」他們卻回答：「如果祂在這裏，我也看不到祂，因為我看見某某。試想想某某令我受了多少苦！」

懷疑、犬儒、自尊受損、對痛苦的憤怒記憶和不能信任，都可以從裏面破壞基督的身體。牧者有最大的責任向所有會友提出警告：「又要謹慎，恐怕有人失了神的恩；恐怕有毒根生出來擾亂你們，因此叫眾人沾染污穢」（來十二15）。

輔導的一個很好定義是「在一起」，這是基督教信仰一個基本的比喻，也是神和祂子民立約關係的本質。「如果神在祂子民的苦難、破碎和掙扎中忠實地與他們同在，輔導員也可以和尋求他們幫助的人一起。在別人經驗掙扎時和他們一起，就是輔導的核心。」[11] 在輔導中遇到人的需要時，除了處理饒恕的必要性這個問題外，牧者還可以從哪裏找到更好的機會，和接受輔導的人一起凝視基督的十架，凝視和解性治療這個好消息？

這就是饒恕的必要！

註釋：

1. Editorial, *The New Yorker Magazine*, January 29, 1990, p. 25.
2. 同上。
3. Dennis Guernsey, *Sometimes It's Hard to Love God* (Downers Grove: InterVarsity Press, 1989), pp. 142～143.
4. William G. Justice, Jr., *Guilt and Forgiveness* (Grand Rapids: Baker Book House, 1980), p. 91.
5. 有關這些憤怒的偽裝的進一步討論，參 David G. Benner的 *Healing Emotional Wounds* (Grand Rapids: Baker Book House, 1990), pp. 44～49。
6. Dan D. Allender, *The Wounded Heart* (NavPress, Colorado Springs: 1990).
7. Lewis B. Smedes, *Forgive and Forget* (San Francisco: Harper and Row, 1984), p. 29.
8. Lyman T. Lundeen, *Counseling and the Human Predicament*, ed. Leroy Aden and David G. Benner (Grand Rapids: Baker Book House, 1989), p. 181.
9. Smedes, *Forgive and Forget*, pp. 106～107, 113.
10. S. Bruce Narramore, "Guilt: Where Theology and Psychology Meet," 收錄在 *Wholeness and Holiness*, ed. H. Newton Malony (Grand Rapids: Baker Book House, 1983), p. 234。
11. David G. Benner, *Strategies of Pastoral Counseling* (Grand Rapids: Baker Book House, 1992), p. 21.

4

饒恕的困難

要饒恕「剛愎兇惡」、「性情兇暴，無人敢與他説話」的人是相當困難的。大衛也發覺很難饒恕這種人。撒母耳記上二十五章正是這樣描述拿八這個富翁。大衛曾經善待他，大衛的手下也曾經保護過他的牧羊人。但大衛和他飢餓的手下在曠野逃亡時，拿八卻拒絕施以援手，甚至出言詆毀和侮辱他們。大衛決意報復，當他正在路上，準備屠殺拿八和屬他的人時，卻遇到拿八的妻子亞比該。亞比該為拿八説情，求大衛饒恕他(28節)，信任神的看顧和恩典(「你的性命卻在耶和華——你的神那裏蒙保護」29節)，將他的事情交託神(30節)，尋求不沾染復仇之血的良心帶來的終生祝福(31節)。

雖然大衛軟化，接受亞比該的請求，放棄報復的計劃；但他仍然感到憤怒，十天後拿八因為被神擊打而死時，大衛禁不住感到高興(「應當稱頌耶和華，因他伸了拿八羞辱我的冤」39節)。

我們這些新約的信徒，可能會透過耶穌基督的十字架回看大衛，不明白為甚麼大衛信奉同一位神，但卻不能更完全地饒恕拿八，就好像耶穌饒恕祂的敵人那樣。我們透過使徒的著作回看大衛，希望他流露出更多忍耐、仁慈和愛——更多聖靈的果子。我們需要記得大衛在揭開救恩歷史中的地位。在神耐心地預備祂的子民接受終極的福音這個過程中，大衛對拿八那不完全的憐憫，肯定可以稱為「以他得到的亮光來說，是絕對足夠的」饒恕行動。

或許將大衛、拿八和亞比該的故事，視為關於不報復，或不因為心裏懷恨而行動會比較好。大衛不單做到這點，而且更進一步，因為他實際上遠離了復仇的烈怒，基於看到神過去的信實，將自己的事情交託神對他將來的應許。大衛這樣很大程度上等同新約饒恕的精神：亞比該實際上等如對大衛說，正如神善待你，你也要善待我們（28～29節）；保羅也吩咐我們要饒恕，「正如神在基督裏饒恕了你們一樣」（弗四32）。

我們也可能好像大衛一樣和憤怒搏鬥。對我們來說，單單不屈從於復仇的欲望，也可能同樣是饒恕一個漫長、早期和真實的步驟。無論我們在這個故事中還看到甚麼其他東西，我們都肯定看到一個例子，說明饒恕是多麼困難！

大衛也顯示生命中饒恕經驗的另一面——接受饒恕——有甚麼困難。大衛所寫的詩篇三十二篇，描述了他因為神的饒恕而歡欣（「……有福……有福……歡喜快樂……歡呼」1～2節、11節），但在最初和最後的歡呼之間，我們看到大衛的見證，在延遲認罪並接受神的恩典前，他感到很痛苦（「唉哼……枯乾……沉重……精液耗盡……」3～4節）。我們也看到他勸誡我們，接受「耶和華的慈愛」，避免他的痛苦經驗（5～10節）。大衛給我們一幅身體和情緒都受到折磨的圖畫，懇請我們面對憐憫時不要冥頑不靈。雖然大衛在詩篇三十二篇記錄的困難，可能主要是關於承認自己的罪；但將這首詩和詩篇五十一篇比較，令我們相信，他在認了罪，以及肯定神完全饒恕了他之間的時期也受盡痛苦(「不要丟棄我，使我離開你的面；不要從我收回你的聖靈。求你使我仍得救恩之樂……」11～12節)。這些話似乎包含不肯定和猜測。這是一個請求，盼望神會重新寵愛他，但這信心卻仍未實現。

定罪令認罪和接受饒恕變得可能，但也可能製造一種恐懼，令人感到自己犯了恩典不足以饒恕的罪。大衛似乎知道，自己是那麼罪大惡極，以致只有神可以有效地潔淨他的良心(「求你洗滌我，我就比雪更白」7節)。「洗滌」這個詞不單用來指清洗自己，也用來指藉著踐踏清洗衣服，暗示那不是溫文的沖洗，而是徹底的洗擦，假定被清洗的衣服污穢不堪……這正是詩人大衛的感覺。

只有神能夠饒恕，祂會這樣做嗎？我的恐懼和羞恥可能令我聽不到那回答。接受饒恕可以是困難的！

為甚麼給予饒恕是那麼困難？

有好些原因令我們那麼難以饒恕別人。有些和我們因為受到傷害而產生的憤怒有關，另一些則源自我們對饒恕的過程、責任和脆弱感到恐懼。

即使一個人決定了要饒恕後，憤怒仍然可能一再出現。「你受到傷害後，那傷害會變成你生命中不能消除的現實。你饒恕時，你醫治自己對帶來那現實的人的憎恨。但你沒有改變那些事實，也沒有消除那些事實帶來的一切後果。死去的仍舊死去；受傷的往往依舊傷殘。邪惡的現實和它對人類的傷害，並沒有神奇地消除，仍然可以令我們十分激動……一個男人不能忘記自己童年時受到父親虐待。一個女人不能忘記她的上司就她在公司的前途對她説謊。你不能忘記你所愛的人卑劣地利用你，當你們的關係對對方再沒有利益時，對方便拋棄你……而當你確實記得發生了甚麼事時，除了懷著憤怒外，你還可以怎樣記起那些事情？」[1]

在可以理解的憤怒中，我們可能因為饒恕涉及的不明朗和不公平，而拒絕這樣做。

饒恕是自願放棄某些權利，而且往往是努力爭取得到的權利。這似乎是不公平的。饒恕別人時，你選擇不行使自己的權利，不要求自己受到的傷害得到完全的補償。

「饒恕不是平衡得很好的關係。它將那個給予饒恕的人抬高到一個很重要的位置，以致這個人可以將生命完全改變。饒恕藉著容許事情不平等和沒有限制而建立羣體……饒恕這種不對稱、不平等的模式令饒恕變得很麻煩……成了一種廉價的解決方法；我們肯定總會面對試探，以一分耕耘，一分收穫這種古老方式實行饒恕。」[2]饒恕似乎將和解的責任，過多地加諸受到不公平對待和傷害的人，而不是犯錯的一方。

我在合理的憤怒中，可能感到有些錯誤妨礙完全的和解。我必須去到甚麼地步？洛德（Richard P. Lord）在《基督教世紀》（*The Christian Century*）中寫道，一位女士問他一些問題，是關於自己怎能夠饒恕殺死她四個兒子的人。幾年前，一羣年青人吸食了毒品，在藥物影響下闖進她的農莊住宅，殺死她的兒子，並槍傷了她，讓她自己死去。現在其中一個罪犯寫信給她，告訴她自己成了基督徒，要求她饒恕自己。

她的問題是，饒恕這個人是否表示她需要和他有任何來往。洛德表示，她「不願意將來和殺死她兒子的人有任何交往。在謀殺案發生前，她和他們沒有任何關係，她現在也不想和他們有任何關連。她希望他們為自己創造積極的將來，但那將來不應該包括她在內。她已經準備好肯定神是有憐憫的，也希望謀殺她兒子的人可以和神建立真正的關係。但不要要求她為他們的得救負責。不要要求她接觸他們，判斷他們的心意。讓教會派一位代表負這個責任吧。」[3] 如果饒恕表示要她的生命接受他們，她感到那是不可能的。

在另一個極端，最難饒恕的可能是我們曾經深愛和很信任，但卻傷害和出賣了我們的人。事實上，愛不一定能夠使饒恕變得容易。愛可以令饒恕的過程變得複雜。莫里斯 (Leon Morris) 指出：

> 假設某個流浪漢闖進你家裏，偷了一些對你來說十分珍貴的東西。後來他被拘捕。他否認自己曾經偷取你的財物，但他明顯是有罪的。譬如說，警察拘捕他時人贓並獲。完全沒有疑問。你會對自己說：「或許這個窮人一生都沒有好際遇。我是基督徒。我很多過錯都得到饒恕，我也應該饒恕他。」所以你饒恕了他。就是那麼簡單。
>
> 但如果那個偷你財物和向你說謊的人，不是你從未見過，也不會再見的流浪漢，而是你最要

> 好的朋友；要饒恕對方便比較困難了。令事情變得更困難，令情況變得複雜的，正是你的愛。你整個人都在呼喊，要求回復較早前的友誼。你全心希望饒恕對方。但正因為你那麼愛你的朋友，你那麼樂意給予的饒恕並不容易實行。如果偷取你財物和向你説謊的不是你的朋友，而是你的兒子，你有責任向他指出生命最好的方向，你也全心愛他，要饒恕他便會更複雜。愛令饒恕變得確定，但卻不會令饒恕來得容易。[4]

同樣，我的憤怒可能在很大程度上，並非源自個人的怨恨或哀傷，而是因為我們真正感到，懲罰那些無情地傷害別人的人是正確的。我可能真的關注，自己有責任在家裏、公司、教會、羣體和國家維持道德水平。我可能認為懲罰是必須的阻嚇，令罪犯不再犯罪傷害其他人。我應該饒恕那個傷害別人的人嗎？

最後，伴隨著憤怒的負面情緒可以是令人振奮，令我感到充滿活力的。傷害我的人可能因為過分自私而控制我的生命，我可能仍未準備好放棄自己有權支配他們這種感覺。我以前感到軟弱和脆弱；現在憤怒令我重新感到，我可以控制自己的生命，我害怕饒恕會令我放棄太多自己得到的新力量。同時，我和傷害我的人之間的關係，令我產生一種全新的道德優越感，我不再感到羞恥，我找到道德方面的優越位置，不願意放棄。[5]

解決饒恕的困難

我們怎樣解決這些困難？首先，正如我們已經指出，不要因為出現新的憤怒浪潮而驚訝。我們憤怒的目標是超越怨恨，放棄報復反擊的機會。雖然你不能抹掉過去，但卻可以不受它困擾和推動。在饒恕的過程中，你愈來愈不會專注於記憶中的痛苦。隨著時間過去，你憤怒的情感能量會減低。當神給你對將來的盼望，讓你可以自由地有新的開始時，你會高興地發覺，過往創傷的記憶，對你的影響減低了。

當你因為饒恕的不平等，以及自己身為給予饒恕的人，需要背負更重的擔子而苦苦掙扎時；要緊記這困難的工作也是一個奇迹。對這些犧牲，神是有恩典的。是祂令為別人受苦，成為饒恕有力的部分。祂為我們的罪接受懲罰。因此，我們這些「靠聖靈得生」的人，也應該可以「靠聖靈行事」(加五22～26)，因為祂令我們能夠在生命中有新的選擇。

我們接受關係的不平衡，作為饒恕旅程的一部分，不會令這種不平等帶有操控性，強制地建立控制別人的方法，雖然我們必須避免這種試探。「相對起來，真正的饒恕接受代替別人受苦，作為關心和尊重別人時，不能避免的副產品。那不是為了受苦而受苦，也不是主張自己的權力的手段。這種受苦是有盼望的未來的代價……饒恕以真正全新的可能性……改變、成長和更新的潛力，令未來變得豐富。」[6]

這是在可能沒有甚麼理由感到愛，或期望愛會得到充足的回報時，在恩典促成下獻出的禮物。小旺格林在討論婚姻中的饒恕時，強調這樣給予別人不配得的仁慈包含的重大力量。他寫道：「只有當妻子聽到丈夫的罪，以致丈夫預期，根據法律，自己會受到一些懲罰；但卻反而得到愛的表示——只有這樣，丈夫才能夠以妻子讓他看到的謙卑，開始改變和成長。」[7]

當錯誤似乎破壞了一切和解的可能時，我們可以在大衛和拿八的經驗中找到答案。我們可能需要盡力向將來進發，不進行報復，相信神將來會幫助我們，我們最終可以得到完全沒有憎恨的良心。我們可能需要祈求神賜恩典給我們，讓我們能夠祈求祂賜恩典！神可以帶領我們到一個境況，好像那位兒子被謀殺的母親一樣，令我們期望罪犯會尋求和接受祂的饒恕，即使我們自己仍然未能夠成為帶給他們祝福的器皿。或許使徒保羅命令我們「不要以惡報惡」時，補充說：「**若是能行**，總要盡力與眾人和睦」(羅十二17～18)，心裏正是想到這個現實的問題。

當傷害來自你所愛的人，因而似乎令你難以接受時，饒恕的關鍵或許是祈求並努力尋找完整的圖畫。那冒犯雖然是對你的出賣，但是否必須破壞你們以往**所有**愛的聯繫？雖然要饒恕這樣的人可能十分複雜，在記起他們的過錯時，嘗試具體一點。在他們的過錯以外，也列出過去令你喜愛他們的原因。聖靈透過保羅指出臚列這些原因的力量：「凡是真實的、可敬的……有美名的，若有甚麼德行，若有甚麼稱讚，這些事你們都要思念……賜平安的神就必與你們同在。」(腓四8～9) 也要記得，如果我們尋求神幫助，守約是有屬靈能力的。雖然神的子民一再背叛祂，祂仍然遵守自己的恩約。聆聽祂對以色列的呼喊：「以色列年幼的時候，我愛他……以法蓮哪，我怎能捨棄你？」(何十一1、8)

因為神有這樣的心，祂可以教導我們，怎樣不放棄那些使我們傷心的人。

羅傑斯 (Rinda G. Rogers) 在討論「饒恕和醫治家庭」時綜覽了一個有用的做法。她大量引述孔特羅內斯 (Margaret Cortrones) 的著作，並提出饒恕是一種關係的行動，而且是包含多方面的行動或過程。她分三部分簡述這個過程。

首先是「轉動」，就是轉向自己，不單承認自己在破壞家庭關係中扮演的角色，也承認自己感到受家人傷害，甚至被遺棄。

其次是「面對」，就是面對一再負債，指的是聆聽別人的故事。如果可以接觸對方，便直接聆聽對方的故事；如果不能夠接觸對方，便透過想像聆聽對方的故事。

第三是「取回」，就是在關係中找出，並擁有過去和現在的資源。這包括承認自己在家庭的歷史中付出和接受了甚麼，回想過去各人之間存在著甚麼，包括維繫著家人的忠誠，無論結果是好還是壞，從而接受自己的遺產。[8]

這些關係的元素過去是否對雙方都有用？這些元素能否成為重建關係的一部分？無論那是多麼緩慢和謹慎。或許這些步驟有助重拾整全的圖畫。喚醒對愛的回憶，是在連結的形式中彼此共有的，雖然這愛大受損害，但卻沒有必要讓過錯將它毀滅。

我們感到絕對不能忽略懲罰時，必須緊記，我們不應該假定，需要由我們藉著不給予饒恕施行懲罰。這是十分危險的，會令我們由懲罰滑向報復。報應是神而不是我們的事（羅十二17～19）。漢密頓（Dan Hamilton）寫道：

> 聖經詳細描述報仇，也盼望、祈求和應許會報仇。但報仇嚴格地惟獨由神執行。神將報仇留給祂自己施行。這是有原因的。雅各告訴我們：「……人的怒氣並不成就神的義。」（雅一20）年少時，我幫助父親在他的工場製造物件。我可以做某些工作，使用某些工具；但父親提醒我：「不要碰那些電動工具。它們是好工具，對我要做的事情很有幫助；但如果由你使用，它們卻會變得太強力和太危險。」報仇是一種屬靈的電動工具，只有神才適合使用。[9]

與此相關的，可能是我抗拒拋開我的憤怒。憤怒令我感到自己終於有控制權。有很長的時間，我都可能感到被損害和無助；但現在發覺「風水輪流轉」，令我感到良好和正確。解決這個困難的方法可能在於，明白我真正需要控制的是，過去對我生命的力量那殘酷的影響。我現在有能力控制的，是那些傷痛的記憶，而不一定是那悔罪的罪人。

饒恕不一定要無條件信任對方。真正的饒恕表示，我不再用那傷害來威脅對方。這並不表示，我必須假設我永遠不會再受到對方傷害；也並不表示，我永遠都不應該採取行動，將這種可能性減到最低。

還有，我必須明白，對憤怒似乎給我力量這種價值，必須從它最終可能要我的心靈，或許還包括無辜的朋友和家人，因為我緊抓著怨恨而付出甚麼代價這個角度來考慮。「又要謹慎，恐怕有人失了神的恩；恐怕有毒根生出來擾亂你們，因此叫眾人沾染污穢」(來十二15）。

饒恕也有一些困難是來自我們對那個過程的恐懼。部分恐懼和處理我們的憤怒緊密相連，所以我們某程度上已經解決了這些問題。例如：容易再次變成受害人，或者害怕自己現在需要對一個犯了嚴重錯誤的人「有好感」。

除此以外，我們也可能害怕自己不能堅持到底。饒恕需要時間，可能包括在再次感到失望時，一再重新開始，令我們對困難的關係感到厭倦。對你的傷害帶來的震盪已經令你耗盡情感。長遠來說，你似乎再沒有力量饒恕。「我再沒有甚麼可以給你」，可能是你的真實感覺。

還有過去嘗試饒恕而失敗的記憶。在錯誤還未變得太嚴重時，你嘗試給予一點點饒恕，但卻發覺結果相當差。似乎沒有任何改善。現在甚麼能夠令你不再這樣失望？

除此以外，饒恕的過程可能要求犯錯的人和受害者多次對質。這種對質是難以捉摸的。誠懇是很難量度的，你需要冒被操控的危險。如果你懷著怨恨，即使是出於不自覺，你的話也會很快變成「滾燙而不是憐憫的油。走投無路的生物是相當靈敏的……牠會感覺得到那隱藏的攻擊……變得具防衛性……對你帶來的傷害作出反擊……你們之間的分歧會增大……」[10]

對質有甚麼用？和對方保持距離，而且很可能是永遠都保持距離，不是帶來最少傷害的解決方法嗎？

對這些恐懼的回答必須切合實際。或許，最好的做法是，承認自己的恐懼是真實的。饒恕可能是一條漫長的路；可能沒有任何東西能夠保護我們避免一再失望，很多對質都可能是嘗試、錯誤和經常失敗。

但我們有神的恩典。神的恩典在你的靈裏面創造的很大的部分是盼望。你可能繼續感到痛苦，但那可以是有盼望的痛苦！這種痛苦好像生育的痛苦一樣，為了前面的盼望，你忍受生育的痛苦。神被稱為「盼望的神」，祂能夠使我們「藉著聖靈的能力大有盼望」（羅十五13）。

你自己的饒恕經驗也是重要的。神饒恕你的罪，不單是你效法的模範（「正如神在基督裏饒恕了你們一樣」弗四32），祂的饒恕也給你力量饒恕別人。基督被釘和復活是你生命裏面的一口深井，是渴求你饒恕的人的水（「我所賜的水要在他裏頭成為泉源……從他腹中要流出活水的江河來。」約四14，七38）

如果你發覺很難饒恕，想想那掙扎的另一面對你會有幫助：接受你的饒恕可能會多麼困難。接受——真正相信神有可能饒恕，可能多麼困難。

饒恕的另一類困難是接受。這個費力的奇迹可能令人難以相信它是奇迹。誰有資格接受奇迹？我們心想，我們出賣了信任自己的人，為他們的生命帶來傷害，好像我們這樣的罪人當然不配接受這奇迹。神怎能夠饒恕**我**所做的事？為甚麼我感到，要相信神的憐憫能夠超越我充滿罪惡的醜陋是那麼困難？答案和解決方法可能在於以下三個步驟：

1. 明白自己害怕安息在神完全的憐憫中，可能有隱藏的動機。
2. 緊記你心靈平安的敵人有甚麼技倆，學習克服這些技倆。
3. 重新檢視在耶穌基督裏給予你的饒恕的真實和完整。

我也必須明白，令我抗拒饒恕別人的原因，可能包括我不能饒恕自己。我可能利用拒絕相信神的饒恕，作為懲罰自己的面具。父母教導我們，犯錯便要接受懲罰。這教導成了我們終生的原則。需要藉著懲罰來補償，也源自因為不能達到自己的期望，從而產生抑鬱和對自己感到憤怒。另一個內心的習慣是試圖安撫：如果我懲罰自己，神便可能不會懲罰我。自我懲罰式的犧牲可能以自我否定、自我忽略或自我憎恨的形式出現。

一切都有代價這個觀念根深蒂固地存在我們的思想中。沒有「免費午餐」。即使表面上是免費和懷著愛給予的饒恕，也一定有某些可疑之處。最終，那隱藏的代價可能超過我們願意或能夠付出的。

這一切的問題在於，我充分地懲罰自己的能力可能會用盡。每次對罪的自我指控，都由「尊嚴和個人價值那不斷減少的儲備」支付。對自己的討厭和憤怒不斷增強。對神的恩典來說，自我懲罰是很壞、虛假和有潛在危險的代替品！

我也需要明白，拒絕接受饒恕，可能是偶像崇拜和驕傲的一種形式。說得大膽一點，我是否世上獨一無二的例外，可以比神更好地處理自己的救贖？我寧願這樣做，可能是因為如果不這樣做，我便要接受自己不如自己想像中那麼好！我需要聆聽大衛在詩篇三十二篇9節的勸告：「不可像那無知的騾馬……」。

接受饒恕的下一個步驟是，緊記撒但是説謊的指控者。如果我的問題不是拒絕承認自己的罪，或者強迫自己審判和懲罰自己；我可能受到那惡者控訴，他試圖令我對神的恩典沒有把握。

聖經稱撒但為我們的「敵人」(對頭)、「控告者」和「辱罵者」(比較提前五14；彼前五8；啟十二10)。但或許他向我們控告神，比向我們控告我們更多。他試圖質疑神的品格，使我們灰心，或者令我們疑惑。為了達到這個目的，他歪曲神和神的聖言，質疑神的愛、恩典、動機、同在和饒恕。魔鬼的控告總是要我們遠離基督，要不是令我們為自己開脱，就是叫我們老是想著自己。另一方面，聖靈則要我們親近基督，即使祂定罪，也嘗試令我們相信恩典。

撒但歪曲聖經。例如：他會利用關於神的憤怒，警告輕率的罪人或福音的邪惡對手等經文，令正在掙扎、充滿恐懼的基督徒感到沮喪，或者恐嚇他們。撒但混淆教義。例如：他會試圖令我們混淆使我們困擾的罪，和主宰著我們的罪；混淆基督徒生命中作為反叛的罪，和主宰著不信者生命的罪。(羅六11～14，「罪必不能作你們的主」) 你怎樣應付他的指控？

1. 對付罪的力量，而不是罪的羞恥。研究罪對你做了甚麼，而不是罪令你有甚麼感覺。掌握羅馬書五至八章的主題。
2. 透過認罪致力保持清潔的良心(徒二十四16；提前一19；來九14)。

3. 專注於自己生命中恩典的證據，包括過去和現在。在聖經找尋恩典的應許，默想這些經文。「在面對試探時，向應許求助：它們是你的主在水面上伸出來的樹枝，讓主那些愚蠢、幾乎淹死的孩子可以緊抓……」(拉瑟福德〔Samuel Rutherford〕在流放期間寫下的文字。他那時經常要對抗疑惑和沮喪)。
4. 向其他信徒訴說自己和罪疚感的搏鬥，要求他們為你對饒恕的把握禱告。
5. 最重要的是，明白撒但不能在神面前控告你，因為你是基督徒！神可以定你罪，藉以帶領你認罪和潔淨你，但祂不會聽撒但的控告，改變祂給你救恩的主意！「誰能控告神所揀選的人呢？有神稱他們為義了。誰能定他們的罪呢？有基督耶穌已經死了，而且從死裏復活，現今在神的右邊，也替我們祈求。」(羅八33～34)

這帶領我們來到能夠接受饒恕的第三個步驟：重新檢視在耶穌基督裏給予你的饒恕，再次發現它並非脆弱，也不帶任何條件。

正如上面引述羅馬書第八章一樣，我們在約翰壹書二章1節也找到一句相當有力的話，令我們對神的饒恕可以充滿信心。「我小子們哪，我將這些話寫給你們，是要叫你們不犯罪。若有人犯罪，在父那裏我們有一位中保，就是那義者耶穌基督。」

誰發言為你辯護？「就是那義者耶穌基督。」祂在誰面前為你辯護？「天父。」天父是否需要祂代你乞求？不，饒恕從一開始便是天父的心意。那是神聖的共謀！「不是我們愛神，乃是神愛我們，差他的兒子為我們的

罪作了挽回祭，這就是愛了。」(約壹四10)

耶穌的**同在**是不住的「説話」。祂不是需要不斷勸阻神，好像仁慈的哥哥安撫憤怒的父母那樣。不！祂是神最大的喜樂，天父所愛的兒女的救贖者。公義已經完成，邪惡的毀滅已經確定，逃跑的孩子已經獲救，愛可以歡慶。耶穌本身是公義的，對信任祂的人來説，祂是他們罪疚感的答案，祂站在神的寶座前，完全蒙神接納。這節經文包含一些法庭用語，但我們必須小心，不要將經文的意思，想像為好像人類法庭那樣的經驗。這裏沒有繁忙的法庭那種匆忙，也沒有疲倦的法官嘗試應付堆積如山的案件。相反，代表你的是天堂那無比的寧靜，以及給你自由的持續證據，也就是永恆犧牲的同在！

我們這些嘗試以福音作為輔導的最大資源的牧者，必須明白自己的罪性，對自己的罪疚感必須有實際和謙卑的回應，而不致屈服於壓抑、否認或絕望等試探。我們必須深深地確信，在饒恕我們的神那奇妙的恩典中，可以找到醫治。祂來到我們這裏，尋找我們，即使我們逃避祂，祂仍然追尋我們，並帶來我們極需要的醫治。這種醫治是不能在其他地方持久地找到的。巴刻(J. I. Packer)在一本十分寶貴、關於個人聖潔的書中，指出饒恕的主要角色：

> 我們終於看見，個人聖潔是個人整全——在我們追求專一地活像基督時，不斷將我們人性的破碎和失序重新整合；在我們學習將生命歸還神和獻給別人時，愈來愈能夠掌握自己的生命；在

為了神的榮耀和別人的好處，應付那怕是最乏味和世俗的工作時，因為找到意義而有深刻的喜樂；在我們發現，雖然失敗令人苦惱，我們也可以應付自己的失敗時，有平安傾注。正如有些人大膽地說，我們可以承擔失敗，**因為我們一直都正是靠著得到饒恕而活，在任何階段，神都沒有要求我們以任何其他方式活著。**[11]

註釋：

1. Lewis B. Smedes, *Forgive and Forget* (San Francisco: Harper and Row, 1984), pp. 141～142.
2. Lyman T. Lundeen, *Counseling and the Human Predicament*, ed. Leroy Aden and David G. Benner (Grand Rapids: Baker Book House, 1989), pp. 178～180.
3. Richard P. Lord, "Do I Have to Forgive?", *The Christian Century*, October 9, 1991, pp. 902～903.
4. Leon Morris, *The Atonement* (Downers Grove: InterVarsity Press, 1983), pp. 199～200.
5. 有關這方面和其他抗拒饒恕的資料的進一步討論，參 David G. Benner, *Healing Emotional Wounds*, (Grand Rapids: Baker Book House, 1990), pp. 113～117, 第五章。
6. Lundeen, *Counseling and the Human Predicament*, pp. 190～191.
7. Walter Wangerin Jr., *As For Me and My House* (Nashville: Thomas Nelson Publishers, 1990), p. 81.
8. Rinda G. Rogers, "Forgiveness and the Healing of the Family," 收錄在 *Counseling and the Human Predicament*, ed. Leroy Aden and David G. Benner (Grand Rapids: Baker Book House, 1989), pp. 198～200 。
9. Dan Hamilton, *Forgiveness* (Downers Grove: InterVarsity Press, 1980), pp. 22～23.
10. Wangerin, *As For Me and My House*, p. 100.
11. J. I. Packer, *Rediscovering Holiness* (Ann Arbor: Servant Publications, 1992), p. 93.

卷二

促成饒恕

5

饒恕在牧養關顧中的角色

饒恕在策略性牧養輔導中的重要性，是基於兩個事實：它在福音中的中心地位，以及它在醫治情感創傷中的重要角色。第一章已經解釋了第一點，這一章會集中討論第二點，也就是在解決人們向牧者求助的典型問題時，饒恕扮演著重要的角色。

應付生命中的失望

很少人到了成年仍然未發覺，受傷和失望是生命中無可避免的。舊約的族長約伯那富説服力的現實主義説明這點：「人生在世必遇患難，如同火星飛騰。」(伯五7) 墨菲 (Murphy) 這個更近期的現實主義者也呼應這個預測。他的法則提醒我們，如果有些事情可能出錯，便會出錯。〔譯註〕

牧養輔導員十分明白這條法則。和其他輔導員一樣，他們蒙召聆聽別人講述自己生命中甚麼事情出了

譯註：

墨菲法則(Murphy's Laws)：一個俏皮的論斷，指凡有可能出錯的事情，最終都會出錯。

錯。失業、患病、婚姻關係緊張，和兒女之間的問題，對一些關係感到失望，經濟狀況轉壞，自己深愛的人去世。這些只是牧者慣常聽到的一小部分「出了錯的事情」。

這些可能出錯，也確實出了錯的不同事件都有一個共通點，就是生命和期望不符。那些懷著期望，但現在卻感到失望的人，可能不能每次都立刻看到自己懷著期望；但他們的反應卻暴露了隱藏的期望。事後回想時，那個期望可能完全不切實際(例如：「我希望自己永遠都身體健康」或者「我希望兒子好像我一樣」)；也可能比較合理(例如：「我希望朋友總是尊重我」或者「我希望丈夫一直都忠於我」)。但無論自覺或不自覺，人們對自己的生命都有期望，他們對生命中的失望的反應，在某程度上可以理解為對這些期望的反應。

一個人怎樣回應生命中一次事與願違的經驗，受很多不同因素影響。其中一個因素是期望的性質。期望有不同的程度，由強烈要求到盼望。如果是強烈要求，我們視期望的經歷為不能剝奪的權利；如果是盼望，我們只是將期望的經驗視為希望得到的結果。人們對「強烈要求」的期望，傾向主要以憤怒作為回應。相對起來，對「盼望」這類要求的典型回應卻往往是憂愁。由於大部分期望都包含這兩種形式的元素，人們對失望最普遍的回應混合了憤怒和憂愁。

牧養輔導主要是幫助人們，以贖回的方式處理這些失望的經驗。無論這些失望是以對別人，還是對自己失望的形式表達出來，贖回和醫治過程的主要動力永遠都是饒恕。

對別人失望

情感創傷的主因是對別人失望。無論是丈夫不忠，或他似乎愛自己的工作多於家庭；或者是失去信仰，對和宗教有關的一切都變得犬儒的妻子；或者是行為似乎有違合夥的基本準則和協議的生意夥伴；或者一位似乎已經忘記了彼此的友誼的好友；還是和家人疏遠的兒女；對別人失望都是人們經驗到的傷害的核心。

但正如上面指出，人們對失望的情緒反應千差萬別，有時並不容易看到導致的反應背後是來自失望。憂愁是大部分人對失望的核心感覺，但卻可能以憤怒的面目出現；而憤怒則可能戴上長期的懷疑、妒忌、自憐、不耐煩、犬儒或抑鬱等面具。通常在這些感受和行為的根源，我們都可以找到曾經對關係失望的感覺；如果要醫治情感的創傷，通常都必須處理這個核心經驗。

找出受導者問題的主要性質，是一種辨別的行動。這種辨別對任何輔導都十分重要；而因為策略性牧養輔導是短期和專注的，辨別尤其重要。這種能力既是聖靈的恩賜，又是需要培養的技巧。不能找出背後的失望感覺，往往會導致不能處理更明顯的感受，而這些感受正是保護著受導者免受核心失望傷害。這種內在傷害的核心的各種面具，包括憤怒、抑鬱等，雖然往往都令人感到痛苦，但伴隨著它們的不適，幾乎總是比伴隨著失望的痛苦更容易面對。

這樣的原因是，對別人失望通常都是信任受到破壞的經驗。不忠的配偶和不公平的僱主，都被視為破壞了不言自明的合約。這份合約的條款包括公平和忠誠。人們信任別人會公平對待自己，當他們認為別人沒有依從那不言自明的合約規則行事時，便會有受到傷害的感覺。正如魯益師 (C. S. Lewis) 指出，即使最徹底的道德相對主義者，雖然否認道德有任何外在的參照標準，在別人的行為違反了道德的內在標準時，也會很快發現有這些標準存在。

如果找不到背後的失望感覺，要處理傾向掩飾情感創傷的感受是極度困難的，因為這樣會令饒恕顯得不相干。談及饒恕和抑鬱、自憐、長期懷疑或妒忌的關係有甚麼意義？如果不明白，歸根結底，某人因為認為別人輕視自己的權利，破壞了 (無論是否明確說明的) 信任，因而對別人感到憤怒；某人的憤怒是不會消除的。只有當我們明白有別人需要我們饒恕，饒恕別人才顯得適切。這是策略性牧養輔導，在處理對別人失望的問題時，採取的第一個步驟。

讓我們以一個例子說明策略性牧養輔導員應該怎樣處理掩飾起來的失望。保羅 (Paul) 今年三十五歲。他打電話給牧師，要求和他見面，討論自己面對的一些問題。牧師知道保羅剛剛應邀出任教會的長老，所以假設這是保羅想和他討論的部分問題。事實證明牧師猜對了。翌日他們見面時，保羅表示自己不大願意接受這個職位，因為他感到自己的屬靈狀況不大好。深入探討顯示，保羅對祈禱、讀經，甚至參加教會聚會都不大感興趣。他也指出這只是一個模式的一部分，事實上，他對自己的整個生命都不感到有多少樂趣。

牧師相當有智慧。他決定跟進這個保羅最後透露的問題；至少在目前，拒絕將問題當為只是靈性低潮的試探。他問保羅能否告訴他多一點自己的感受，結果發覺保羅明顯有點抑鬱。保羅表示自己感到氣餒，不大喜歡自己，他的工作尤其不能帶給他滿足。牧師繼續問保羅，他的工作有甚麼改變；結果發覺他不獲晉升，是他對工作的感受改變的轉捩點。

他們終於找到問題的核心。單單專注於靈性冷淡這些感覺，不能讓保羅正視失望、傷害和憤怒這些更深層的感受。這些感受都和得不到晉升有關。保羅並非故意向牧師隱瞞這個更深層的問題。他首先向自己隱瞞這個問題。他過去以及現在的某段時間，都十分不願意承認自己抑鬱。他一直都根據基督徒不應該抑鬱這個命令生活，很難承認自己對得不到晉升的真實反應。

他一旦承認這個事實，便明白他不單覺得自己受到傷害，也感到很憤怒。他感到整件事都完全是不公平的。上司曾經暗示下一次獲晉升的人一定是他，而他的工作評核全都是正面的。不過，他對上司的憤怒並不是最主要的。對他來說，對自己感到憤怒要容易得多，而這似乎是他抑鬱的主因。不過，要處理這些感受，需要他直接面對自己對上司感到憤怒是事實，而且是合理的。這便令他們直接將焦點集中在饒恕這個問題上。正如上面提過，對當前失望和受傷的經驗，反應往往是將憤怒和憂愁這些感受混在一起。如果要處理這些感受，憤怒和憂愁都是必須面對的。有些人好像保羅一樣，比較容易接受憂愁而不是憤怒。他們利用抑鬱來抵擋憤怒的感覺。另一些人則發覺憤怒比抑鬱容易接受。他們用憤怒來對抗抑鬱。但兩類人都必須面對這兩種相關的感覺。

不幸的是，否認憤怒在基督徒中特別普遍。基督徒往往不明白，有罪的不是憤怒本身；而是表達這些感受的方式，可能有罪，也可能榮耀神。為了澄清這一點，牧者往往在需要時認可憤怒這種感覺。受到別人的行為傷害的人需要明白，憤怒是對這種對待的恰當反應。憤怒是對不公義的自然反應。我們人類天生就有這種反應，而且這也是神的反應。但正如創造秩序的其他方面(包括人的性格)，憤怒也受墮落影響。人們表達憤怒時，很容易反映出我們渴望報復，而不是渴望除去不公義。如果人們不明白這個分別，甚至更糟的是，相信憤怒本身是罪，便會嘗試將憤怒從自己的意識中除去。不過，這樣做只會妨礙他們真正地消除那憤怒。

策略性牧養輔導的目標不是表達憤怒，而是消除憤怒。發泄怒氣不應該與消除憤怒混淆，而且也是消除憤怒一個極差的替代物。最終，只有透過饒恕，才有可能消除憤怒。不過，正如我們已經指出，饒恕的過程需要誠實地處理潛藏著的憤怒和受傷的感受。只有在透過自覺的意識，找出這些是甚麼感受，以及這些感受怎樣反映了背後那失望的本質，和失望有關的傷害才能夠真正得到醫治。[1]

對自己失望

有時，牧者會遇到一些人，他們的失望似乎集中在自己身上。他們表示自己無力饒恕自己時，有時很容易便將饒恕這個詞掛在嘴邊。我們應該怎樣理解這些問題？策略性牧養輔導又應該怎樣回應這些人？

驟眼看來，這似乎是一個比較簡單的問題，因為受導者那麼願意討論這個問題。但輔導過這種人的牧者都知道，這種工作往往並不簡單。饒恕自己往往至少和饒恕別人同樣困難，而討論太快便觸及這個問題，往往是輔導過程中一個相當誤導人的標記。

當然，有時很難饒恕自己的人，只需要遇到神轉化的恩典帶來的生命，並接受神的饒恕。自我饒恕往往在接受了神的饒恕後自然產生。這就是整個過程的進行方式。雖然情況並非總是這樣，但我們也不應該混淆這個標準。

不過，事實上，有些人不想接受饒恕，無論那饒恕是來自神、別人還是自己。這些人可能帶著有關饒恕或神的愛的本質等神學問題向牧者求教。不過，更常見的情況是，他們以在婚姻方面需要幫助的人的配偶這個身分接觸牧者。無論他們以甚麼方式尋求牧者幫助，那挑戰都是避免試圖説服他們接受神的饒恕。相反，牧者應該集中處理為甚麼他們那麼抗拒饒恕。

在開始時專注於受到別人傷害這種經驗的輔導中，那挑戰是從專注於別人，轉向專注於那經驗怎樣影響受導者。對比起來，輔導那些表示不能饒恕自己的人時，那挑戰則是不要停留在他們討厭自己或羞恥等徵狀，更要進而研究他們受傷的更深層原因。陷入羞恥的感覺，通常都顯示受導者在對自我的核心感覺中，保存著一個傷口。比較專門的術語往往稱這情況為自戀的傷口，一種令人感到自己基本上或在很多方面，都毫無價值或有缺陷。這樣深深地感到自己沒有價值是不容易改變的。不過，只要受導者完全表達自己的感受，能夠透過牧者的接納和肯定，接受自己得到神接納和肯定，改變仍然是可能的。雖然他們表面上因為一些未承認和嚴重的罪而需要饒恕，但更常見的情況是，這些人需要藉著牧者無條件的接納，得到復原，重拾自己有價值這種基本的感覺。[2]

讓我們以一個個案說明策略性牧養輔導可以怎樣處理和饒恕自己有關的問題。蘇(Sue)是一位文靜、頗為內向的女士，二十出頭，剛於最近結婚。她向牧師求助，因為她感到自己犯了不可饒恕的罪。她流著淚，鼓起很大勇氣才能夠告訴牧師，她最近一次和丈夫造愛時，發覺自己想著以前一個男朋友。牧師以前已經和蘇處理過她有沒有犯了令她不能得到神饒恕的罪這個問題。十多歲時，她因為討厭父親而感到十分內疚，所以向牧師求助。那時，牧師的判斷是，她的感受並不是表達對罪的憂傷，而是反映了過敏和扭曲的良心。這良心折磨她，令她討厭自己。這次，牧師的即時傾向是，從同一角度看她現在的問題。

不過，恰當的開始是探討她的掛慮。所以牧師要求蘇告訴他多一點，甚麼令她感到自己做了那麼可怕的事，以致不能得到神的恩典。她提到那舊男友時，只有一個相當模糊的印象。這和藏在心裏，對情欲的幻想有很大分別。牧師向她指出這個問題，但仍然沒有多大幫助。她確信這是最壞的欲念。她已經再沒有資格得到丈夫或神的愛。

蘇的問題頗為嚴重，不是幾節牧養輔導能夠解決的。不過，牧師明智地看到，雖然需要轉介她接受長期的心理輔導，但自己也可以從牧養角度給她獨特的回應，而不是單單嘗試說服她接受神的饒恕。

討論了這些問題大約二十分鐘後，牧師表示他想到自己可以怎樣給蘇最大的幫助。他首先提議轉介她給一位他熟悉的基督徒輔導員，並向她解釋為甚麼他認為這是重要的。牧師告訴蘇，如果她接受這個建議，他便能夠更好地從牧養的獨特角度幫助她，而他很希望能夠這樣做。她有點勉強地接受這個建議。接著牧師便向她提出自己的整個建議。

牧師提議她首先深入研究聖經怎樣啟示神的愛和恩典。他提出幾點，作為她研究的開始。牧師也知道，蘇能夠運用一些研經工具，所以提議她從自己的研究所得開始，使用這些工具進行更深入的研究。牧師也要求蘇記錄自己在研究的發現，以及她對那些發現的反應。牧師安排和她每個月見一次面。會面時她需要向牧師報告自己的發現和反應，然後他們會一起討論她的報告。她同樣是不大情願地同意。她表示自己已經相當熟悉基督教對恩典的理解。她更有興趣研究的是神的公義和祂對罪的懲罰。不過，她還是接受了這份習作，因為這是牧師願意和她進一步討論，為甚麼她應該接受神的懲罰，而不是祂的愛的其中一個條件。

牧師的計劃是，首先更專於她對自己學到的東西有甚麼反應，只是簡單地重溫她發現的真正原則。這樣可以給她機會，探討為甚麼自己抗拒神的饒恕；也可以讓他們一起處理她和那位基督徒輔導員會面時，可能浮現的其他問題。

正如牧師所料，對最初四個星期的研究，蘇的反應都是抗拒神的恩典。她斷言，如果神真的愛她，便會明白她需要懲罰，並尊重這個需要。神不能懲罰她，顯示祂的愛有瑕疵。接著她透露了一件事，是她最近才第一次告訴另外那位輔導員的。她小時候受到祖母虐待，而且祖母一再向她保證，自己毆打她是為了她著想，也是出於對她的愛。祖母長期虐待蘇，嚴重破壞了她對價值的基本感覺。這似乎就是她那些問題的核心。

接著的牧養輔導都是讓蘇先報告她從研究中發現了甚麼，然後分享她的反應。會面的時間著重的地方漸漸改變，焦點愈來愈集中在蘇對神本性的發現。在第四次會面，蘇承認以前她從沒有真正讓自己經歷神的饒恕。但在上次見面後的幾個星期，她都有這樣做。她也有清楚的證據，顯示她對自己的感覺已經開始改善。

在第五次會面時，牧師表示他認為他們毋須再定期見面。蘇說她覺得這樣也好，但她希望可以不時和牧師討論自己在這些問題上的進展。當牧師問她，她認為在幾次會面中，甚麼對她最有幫助時，她說毫無疑問是牧師對她的接納。最初牧師感到有點不知所措，因為他預期一定是他和蘇分享的一些神學洞見對她幫助最大。不過，她經驗到的卻是，牧師樂意陪她走過自我討厭這段艱辛的路，肯定了她是有價值的。她告訴牧師，對她來說，當她明白和欣賞自己從牧師那裏接受的愛時，神對她的愛才開始變得有意義。

這個個案研究是以一個真實的個案為基礎。它似乎好得令人難以置信。因為正如我們已經看到，深深的自我討厭和羞恥，對自我價值的破壞，往往只能以十分緩慢的速度改變，而且困難重重。不過，這個個案要說明的是，處理自我饒恕或接受神饒恕方面的困難，通常要對抗拒饒恕的原因給予回應，這通常又涉及探討個人的價值怎樣受到破壞。而正如蘇的個案顯示，這往往和童年受到虐待有關。

在這類個案中，我們又回到討論饒恕這個問題。因為，在這些情況下，如果受導者不希望受到創傷那些不良副作用影響，便必須願意饒恕傷害自己的人。因此，在饒恕自己或接受神饒恕方面的困難，往往只是偽裝，真正的問題是不能饒恕傷害自己的人。

對神失望

生命往往不公平，很多人因而認為，神是不公平的。這些人往往在教會裏面。因此，負責輔導的牧者經常遇到這種人。對主張神不公平的人，牧者應該怎樣回應？雖然對神感到失望，可能是因為對另外一個人感到失望，但對神失望確實提出一些重要的問題。對神發怒是否恰當？談及饒恕神有沒有意義？而最根本的問題可能是，當人們明顯經歷到生命的不公平時，神在哪裏？

在《無語問上帝》(*Disappointment with God*) 這本書中，楊腓力 (Philip Yancey) 提出，對神感到憤怒，反映了將神和生命混淆。他指出，毫無疑問，生命是不公平的。兒童受到虐待和性侵犯；地震奪去生命和財產；醉酒駕車的司機，把我們深愛的人撞死或撞傷，然後不顧而去。但這一切發生時，神在哪裏？楊腓力的答案是：我們經歷這些不公義時，神在我們裏面。祂不是在施虐者、地震和撞倒人不顧而去的司機裏面。神不在生命中的這些災難背後。相反，祂和我們站在一起，分擔我們的憤怒、傷害、絕望和痛苦。[3]

雖然就神對人類苦難是否需要負任何責任，這個答案可能不能解決其中涉及的所有神學問題，但它卻似乎可以提供一個框架，讓我們從牧養關顧的角度，提供合適和有用的回應。但同樣重要的是，我們需要明白，因為神不公平或漠不關心而向祂發怒，通常是情感流露多於神學主張。我們以為透過自己有力地反駁這種主張在神學上的謬誤，便可以維護神的聲譽；但神並不需要我們維護祂的聲譽，至少不需要以這種反駁作為即時的回應。雖然在其後從神學角度討論這個問題可能是合適的，但通常最好的即時回應是，鼓勵受導者多講他們的故事。他們所説關於神的話只是他們故事結論的一部分。牧養輔導員需要聽到的，是他們怎樣得出這個結論。

因此，處理對神失望的方法，和處理其他失望一樣。牧者應該鼓勵受導者探索和表達他們的感受，並描述和那些感受有關的事件。如果受導者表示對神憤怒時，牧者流露出防衛性，受導者很快便會發覺，探索也會因而受到阻礙。因此，如果牧者發覺，簡單地説出對神在受導者的經歷中需要負甚麼責任，自己有甚麼感受，能夠幫助自己減低這種防衛性；這樣做對牧者自己可能會有幫助。不過，接著牧者應該鼓勵受導者繼續説出自己的感受。

如果正確地理解，説饒恕神無論如何都是毫無意義的。這個觀念完全扭曲了饒恕這個概念。饒恕沒有尋求饒恕，甚至不想得到饒恕的人，都可能是合宜的。

但只有饒恕需要饒恕的人才有意義。神從來都不需要我們饒恕。饒恕神這個觀念簡直是褻瀆。不過，在輔導時處理這個問題的方法，卻應該和批改神學院研究生論文時的做法不同。輔導時，我們應該校正這個問題。例如說：「雖然我明白你對神感到憤怒，但我不大肯定，說你饒恕神是否真的有意義。讓我們繼續研究為甚麼你對神感到那麼憤怒吧。」

饒恕輔導

幫助別人以贖回的方式處理被虐待、出賣、拒絕和失望的經驗，是牧養關顧中要求和回報都相當高的事奉。我們不應該淡化這種工作的困難之處；也不應該低估可以得到的回報。

幫助因為這些經驗而受到靈性和心理創傷的人接受醫治，要求牧養輔導員對受導者背負的痛苦、傷害、恐懼和羞恥感同身受。他們不能單單討論，也必須分擔這些感受。當蘇說，牧師的輔導給她最大的幫助是接納她時，指的正是這點。這樣以同理心接納受導者的感受，對牧者的心理靈性資源有極高要求。牧者暫時投入和受導者的情感創傷有關的憤怒、恐懼、疑惑等負面感受時，自己也在很大程度上經歷受導者描述那種缺乏安寧。這是真正分擔別人的重擔，不能以旁觀者的姿態進行，而且個人總要付出很大的代價。

其中一個代價是，這些經驗可能喚起牧者自己過去一些未處理的問題。一些牧者以為很久以前已經處理了的問題，可能突然間會重現；一些他們假定自己已經饒恕了的人，可能需要他們在心裏再次面對，重新饒恕。牧者只有在能夠誠實面對自己遇到的任何感受時，才能夠幫助受助者這樣做。

但處理不應該蒙受的創傷，也給牧者獨特的機會，第一手和近距離地見證福音的贖回能力。這是牧者處理求助者的情感創傷時得到的其中一個巨大回報。人們毋須受到過去折磨。這個好消息是福音的一部分。無辜地受到傷害或不公平對待的人可以得贖，從死灰中也可以長出讚美的鮮花。

饒恕永遠都不只是貼在情感傷口上的藥水膠布。真正的饒恕是費力的工作，而且總是涉及誠實地處理所有相關的感受。對嚴重傷害的真實饒恕很少是一勞永逸的。那是過程的一部分，而且在大多數情況下，都必須一再重複。這種饒恕從來都不是輔導中的捷徑，但卻是真正解決過往創傷的輔導必不可少的部分。而且，這種饒恕也是將基督教輔導和普通輔導區別開來的基本特點。

饒恕輔導的階段和任務

我們在導言綜述了圍繞饒恕的策略性牧養輔導的一般形式，並在這系列著作的第一冊（貝內爾，《策略性牧養輔導》，1992）中作了詳細的描述。表一列出策略性牧養輔導的階段和任務，作為一個簡單的重溫，並提醒讀者，接下來三章提出的個案研究的結構是怎樣的。

表一：策略性牧養輔導的階段和任務

階段一：相遇

- 加入和定下界限

- 探討主要問題和有關歷史
- 進行牧養診斷
- 訂定雙方都同意的牧養焦點

階段二：投入

- 探索問題的認知、情感和行為幾方面，並找出應付或改變問題的資源

階段三：分開

- 評估進展和衡量還有甚麼問題有待解決
- 轉介(如有需要)
- 結束輔導

相遇的階段通常佔第一節的大部分時間，接著的幾節則主要是投入執行任務的階段，分開的階段則簡短得多。不過，策略性牧養輔導的進展並非總是直線發展的，我們也沒有假定，某個階段的工作不能同時在另一個階段進行。我們同樣沒有假定，每次都必須和受導者完成五節的輔導。有時一節輔導已經足以讓牧者完成以上幾個階段的工作。

註釋：

1. 有關更完整地討論情感創傷和醫治涉及的治療過程的互動，參 David G. Benner, *Healing Emotional Wounds* (Grand Rapids: Baker Book House, 1990)。
2. 有關羞恥和罪疚感的進一步討論，以及策略性牧養輔導對這些問題的

回應，參 Daniel Green and Mel Lawrenz, *Encountering Shame and Guilt* (Grand Rapids: Baker, 1994)。

3. Philip Yancey, *Disappointment with God* (Grand Rapids: Zondervan, 1988).

6

個案研究一*

卡倫(Karen)是一位二十六歲的女士。她打電話給牧師，要求和他見面。牧師和她不大熟悉。她和丈夫大概在一年前才來到他的教會，只是斷斷續續地參加崇拜。牧師記得她是護士，她丈夫則從事廣告業，兩人沒有子女。牧師也發覺，過去幾個月，卡倫都是獨自返教會。他本來也打算打電話問候卡倫，但她卻先聯絡了牧師。

在電話中，卡倫沒有怎麼提及她為甚麼想和牧師見面，只是說自己「面對生命中的一些轉變，感到很難應付。」牧師問她是否需要立刻見他，她表示雖然事情並不緊急，但她希望牧師能夠儘快和她見面。牧師表示自己翌日上午可以抽一小時見她，如果她在那段時間方便的話，他希望和她見面詳談。卡倫表示沒有問題，並多謝牧師願意那麼快便和她見面。

* 為涉及饒恕的牧養關顧提供一些策略和取向的最好方法是透過個案研究。因此，這一章和接著的兩章會研究三個牧者專注於饒恕問題的短期輔導個案。這些個案都是虛構的（為了保密），但每個個案都包含了兩位作者輔導過的一些真實例子。

評論：這個簡短的交談完成了初次接觸的主要目的，讓牧師能夠判斷事情的迫切性，安排第一次會面的時間。雖然卡倫說她的需要並不迫切，但也表示希望能夠儘快和牧師見面。因此，牧師認為雖然這並非緊急的事情，但還是十分重要，他需要在翌日和卡倫見面。卡倫表示感謝，似乎確定牧師的判斷是正確的。

初次接觸並不一定能夠找出求助者的問題的性質。在這個情況，牧師開始第一節輔導前，知道卡倫想和他見面，是關於最近自己生命中的一些轉變。牧師不知道那是甚麼轉變；在這個階段，他也毋須知道更多。他明智地沒有在電話追問卡倫。在這個時候，通常都不適宜問對方問題的性質，鼓勵對方多談自己的事也沒有甚麼益處。事實上，如果對方開始詳細講述自己的問題，告訴他／她現在毋須這樣，自己期望在第一節輔導時才詳細討論那些問題，往往是合宜的做法。不過，對待陷於危機中的人則明顯是例外。

第一節輔導

翌日上午，卡倫到達牧師的辦公室，顯得疲倦和有點苦惱。牧師立刻留意到她比上次見面時消瘦了。她也似乎剛剛哭過。以下是他們的對話：

牧師：早晨卡倫。很高興你準時來到。請到我的辦公室。（他們一起進入牧師的辦公室。牧師示意卡倫坐在一張椅子上。）從昨天的簡短談話中，我得知你正面對一些生命的轉變，擔心自己能否好好應付。你可以告訴我你擔心的事嗎？

卡倫：多謝你那麼快便和我見面。要來找你，我真的感到自己很愚蠢。但我真的不知道還可以找誰傾談。(開始哭泣) 肯 (Ken) 離開了我，和另一個女人一起，我感到很迷惘，很苦惱。我不能相信這種事情竟然發生在我身上。(停了很久)

牧師：聽到這事，我真的感到很難過。我絕對相信你感到很苦惱。那感覺就好像自己的世界一下子塌了下來。

卡倫：那正是我的感覺。這件事來得那麼突然。我一直都以為我們之間沒有問題。接著便發生了這件事。噢！一天早上，他突然說他已經決定離開我，然後便離開房子去上班。從那時開始，我便再沒有見過他。

牧師：這件事在甚麼時候發生？

卡倫：上星期一。前星期和週末他出外公幹了幾天。至少他是這樣告訴我。他在星期日深夜回家。雖然我們當時沒有怎麼談過話，但似乎一切都很正常。但到了星期一早上，他卻丟下那句話，在我還未弄清楚發生了甚麼事前，他已經走了。

評論：這是第一節輔導一個好的開始。牧師一開始便進入正題，沒有浪費時間在不必要的閒談上。這對卡倫來說十分合適，雖然有時一點兒寒暄也是恰當和需要的。不過，這種閒談大多不應該超過幾分鐘。策略性牧養輔導第一階段的任務是加入，也就是建立足夠的聯繫，讓對方放心繼續講述自己的故事。在這個個案，牧師認為聯繫已經存在；因此，他即時決定毋須閒談。這是正確的。

牧師簡短地說出在他記憶中，他們上次談話的內容。這是很好的。這樣能夠令卡倫知道，牧師有留心聽她說話，也為他們的談話，提供一個很好的焦點作為開始。

牧師第二句話顯示高度的同理心；卡倫的反應則表明，這種介入在促成進一步探討方面有多大力量。同理心令對方知道，你明白到現時為止，大家談了甚麼。在這個個案，牧師利用卡倫「苦惱」這個詞語，藉著一個比喻（世界一下子塌了下來）進一步講述她的感受。這類生動的文字往往可以有力地將自己聽到的感受反射給對方，鼓勵對方進一步探索大家正在討論的問題。

不過，在這個時候，牧師同時想知道卡倫的感受和事件的詳情，因此他問了一個相當具體的問題（「這件事在甚麼時候發生？」）。牧師現在開始相遇階段的第二個任務，就是探討對方的主要問題和相關的歷史。在這個階段，細節是很重要的。應該將感受聯繫到具體事件，以便確保能夠達到短期輔導所需的實質和具體程度。接著牧師提出一個問題，進一步探索卡倫主要問題的背景。

牧師：你說你丈夫在星期日回家時，一切都似乎十分正常。你可以詳細一點告訴我，你們兩人最近的關係怎樣嗎？

卡倫：唔，我所謂的正常其實不是很好。肯和我一直都不大談話，至少不大談論重要的事情。這一直都困擾著我。但每當我嘗試和他談及我的感受，他都會發怒，接著我們便會吵架。

牧師：你們經常吵架嗎？

卡倫：最初不是，但大概在過去一年，我們似乎一直都在吵架。

牧師：你說初時情況比較好。告訴我多一點你們的婚姻在那時的情況吧。

評論：牧師仍然是嘗試明白問題的背景。在這一節，牧師需要進一步探討卡倫的感受，但簡單地綜覽他們婚姻的歷史，有助牧師將卡倫的感受和她的婚姻和生命聯繫起來。

接著卡倫告訴牧師自己和肯談戀愛和結婚初期的情況。他們在大學的基督徒團契認識，過了三年快樂的日子後才結婚。在這段時間，肯有時不能控制自己的脾氣，但卡倫忽略了這個問題的重要性。肯也顯示一些後來證實是施加情感虐待的傾向。他惡意地批評卡倫，但其後總是向她道歉和表示後悔。

不過，婚姻似乎改變了一切。婚後肯似乎頓時對妻子失去興趣。卡倫還說他似乎對信仰也失去興趣。他減少了出席教會聚會，對和宗教有關的一切都愈來愈多批評。總括來說，他變得喜歡嘲諷和犬儒。卡倫往往懷疑，甚麼令他有這麼大的改變。在這時，牧師將話題轉變，再次和卡倫討論她目前的感受。

牧師：那是相當有幫助的背景資料，我們稍後可能會繼續討論這些問題。但現在讓我們回到你剛進來時提及的事。你說你感到很迷惘、很苦惱。告訴我多一點，自從上星期一開始，這幾天你是怎樣過的。

卡倫：唔，最初我只是哭。事實上，那天我大部分時間都在哭。但我一直都希望那不是真的，我希望他下班後會回來。那晚實在糟透了。我幾乎完全沒有睡覺。我所能夠想到的，只是我多麼渴望他回來。但到了第二天，情況開始改變。我仍然想他回來，但開始對他感到憤怒。那是因為我開始完全明白，他為了另一個女人離開我。他沒有告訴我任何關於那個女人的事，但我開始憎恨她。我也憎恨肯。每次想到他，我都看到他和一個年青女人一起。那令我感到十分憤怒。

牧師：你說你不知道還可以找誰傾談。你有沒有告訴家人或任何好友肯離開了你？

評論：這是一個十分重要的問題。牧師嘗試評估卡倫怎樣處理這個問題，以及除了他之外，她還可以找到甚麼幫助。策略性牧養輔導只能夠短期進行，牧者需要和其他能夠給予幫助，或者已經開始給予幫助的人合作。因此，找出有甚麼資源可以幫助受導者，是第一節輔導一個重要的部分。

探討受導者目前怎樣應付問題，也是評估的重要部分，牧師可以藉以計劃未來幾節輔導的內容。在這時，牧師想知道卡倫有多沮喪，以及他們討論過的事件，對她處理現時的問題的影響有多壞。她有沒有避開朋友？她怎樣應付自己的其他責任？她是勉強支撐，還是能夠比較好地控制自己的境況？這些都是牧師要求卡倫告訴他自己和誰談過這件事的原因。

對這個問題，卡倫表示，她在星期二晚曾經打過電話給母親。母親給她很大支持。母親叫卡倫到她家裏住幾天。過去十天她一直都住在母親那裏。她曾經和幾位最要好的朋友談及這事，雖然她仍未和他們見面。她也約了其中一位好友翌日一起吃午餐，但卻感到有點緊張，因為在她還未和肯結婚前，這位朋友已經和他倆很要好。牧師鼓勵她守約和這位朋友吃飯。

接著牧師問卡倫在這次危機中，信仰對她有沒有幫助。她表示自從肯離開後，就這件事，自己沒有認真想過信仰或神。牧師繼續問了幾個問題，藉以評估她的宗教和靈性狀況。

牧師：我希望我問你信仰對你有沒有幫助，不會顯得說教味道太重。我並不是想令你感到內疚，只是想知道你的屬靈狀況。

卡倫：不，我不覺得你在說教。我很高興你提出這個問題。這也是我希望和你談的其中一個問題。信仰對我十分重要，但我不知道現在信仰對我應該有甚麼影響。我假定自己需要為已經發生的一切祈禱，但我不知道應該怎樣禱告，我不知道應該祈求肯回來，還是祈求他不要回來。

牧師：為何不祈求神幫助你應付現在面對的各種感受？這似乎是祂能夠也會做的事情。不是嗎？

卡倫：唔，我想是吧。但實際上，我對自己的感受感到有點羞恥。我想我是感到自己應該先整理一下自己的行動，然後才去勞煩神。我的意思是，祈求神在我憎恨肯的感覺方面幫助我，似乎相當可笑。畢竟我不應該憎恨別人。

牧師：我不會那麼快便說你不應該有這些感受。我覺得你丈夫那樣對待你，你有強烈的感受也是很正常的。憎恨不是很好的感受，也肯定不是我們應該一直緊緊抓著的感受，除非有必要這樣做。不過我的經驗是，強烈的憤怒和憎恨通常都伴隨著嚴重的感情創傷。要醫治你受到的創傷，需要正視這些感受，而不是試圖說服自己這些感受並不存在。

卡倫：我想這是對的。但神和這一切有甚麼關係？

牧師：我相信在這種情況下，神就在你旁邊。事實上，祂和你是那麼接近，以致也分擔你的憤怒和痛苦，祂也希望你知道，祂的恩典足夠讓你應付這一切可怕的經驗。

卡倫：(哭起來) 我希望我能夠這樣相信。我想這樣相信。我需要知道神仍然存在，祂也沒有離開我。我想我感到自己是那麼醜陋，那麼不可愛，以致不能再相信有任何人仍然愛我，尤其是神。

牧師：為甚麼尤其是神？為甚麼你特別難以相信或倚靠祂的愛？

卡倫：我想那是因為我知道祂的標準是多麼高。

牧師：那肯定是真的。你明顯不想低估祂對罪的憎恨。不過，我懷疑你是否忽略了一件同樣真實的事情。就是神的大愛和持續的恩典。你似乎覺得祂很吝嗇自己的愛，只是稍微給那些配得的人一點兒愛。但我從聖經認識的神，卻將祂的愛大量賜給罪人，而他們沒有做過甚麼令自己配得神的愛。我希望你能夠更親身地認識神這個特點。

這時，牧師認為自己對卡倫的屬靈景況已經有比較清楚的認識。他發覺他們已經談了四十分鐘，決定進而討論將來的安排，然後結束這一節輔導。他們進行了以下的談話。

牧師：今早的時間已經差不多了。我想知道你對我們剛才一起的時間有甚麼感受。

卡倫：我覺得自己好了很多。我真的慶幸自己來見你。我仍然感到很苦惱。但談論這件事，對我真的有幫助。

牧師：我當然不期望你那麼快便感到很好。你感到好一點，已經令我很高興。我想知道，你是否感到，你得到你來見我想得到的東西？你想不想改天再多談一點這些事情？

卡倫：我希望我們可以再次談話。我發覺這樣對我真的有幫助。不過，仍然有很多事情令我感到疑惑。

牧師：或許下次我們可以從那些疑惑的感受開始。我建議我們多見幾次面，或者最多四次吧。讓我們將這幾次見面以對我們最實際的方式分開。我們每次都可以一起看看你的進展。你覺得怎樣？

卡倫：那似乎很好。我期待在你認為最合適的時間和你再見面。

牧師：我們將下次會面定在兩星期後好嗎？這樣可以給你機會再想一想我們討論過的問題。我也建議你記錄你的感受和思想，用日記或其他方式記錄你的思想和感受。這樣有助我們下次嘗試了解那些令你感到那麼疑惑的感受。

卡倫：那似乎很好。我偶然也有寫日記，可以很容易定期這樣做。

牧師：我還希望你從現在到我們下次見面時做一件事。我想你繼續思想神對你的愛。我稍後會寫下幾段經文，希望你能夠閱讀這些經文，想一想經文對你的意義。我相信這些經文會帶給你安慰和盼望，也可以幫助你經驗到，在你現時的景況中，神和你同在。

評論：在這一節，策略性牧養輔導相遇階段的大部分任務都已經完成了。牧師探討了主要的問題和相關的歷史，進行了簡短的靈性評估，並確定了一個日後一起努力的方向，是雙方都同意的。

這一節惟一可能有缺點的地方是有關日後努力的方向。卡倫和牧師同意，下一節會用來進一步探討她面對的疑惑感受。在牧師心目中，他以為自己已經發現損失、憂傷和憤怒這幾種感受。所以，他心中想到的臨時計劃是探討這些感受，朝饒恕卡倫丈夫這方面進展。他預計這樣做也會涉及討論一些和分開有關的實際問題，而他也準備這樣做。不過，他們沒有清楚討論這一點。他們清楚談到的事只涉及下一節。雖然要具體説出第一節後應該集中處理甚麼問題，可能會有困難，但考慮一下他們一起時，卡倫希望實現甚麼比較重大的目標，對她會有幫助。這樣也可以讓牧師分享一些自己心裏想到的目標和期望。

第二節輔導

兩個星期後，卡倫依約出現。她看來好了很多。他們開始時的談話是這樣的：

卡倫：我一直期待著今天和你再見面。我們上次見面後，我感到好多了。

牧師：很高興聽到你這樣說。單單和別人分享自己的感受，往往也似乎有幫助。告訴我，為甚麼你期待今天再來。

卡倫：唔，你叫我想的那些事情真的有幫助。你提議我記錄自己的感受。我有這樣做，發覺我真的很憤怒。上次我告訴你我會在第二天和一位女性朋友見面。她也給我很大幫助。她叫我忘記肯。他不值得我愛。即使他求我原諒他，我也不應該再接受他。我愈多想到他，對他便感到愈憤怒。我仍然沒有見他，我也不在乎會否再見他。他那樣對我。即使他要到地獄，我也不在乎。

評論：牧師對卡倫的戲劇性轉變感到頗為驚訝，開始懷疑自己上一節指出憤怒是合理時，是否做得過了頭。卡倫變得比較自信，也沒有顯得好像上一節那樣想哭。事實上，如果牧師願意承認的話，他對卡倫的憤怒感到意外。她那強烈的感情令牧師有點不安。讓我們研究牧師對這些感受可能作出的兩種反應，以及卡倫很可能會怎樣回應。

牧師：唔，我不會走得那麼遠。咒詛別人下地獄是十分嚴重的事情。實際上，那應該留給神做。

卡倫：我想我不是真的想他下地獄。那只是我的感受。但我以為你說憤怒是沒有問題的。

評論：如果牧師這樣介入，便實在不幸。因為卡倫現在與他同樣具防衛性。如果他能夠看到那句有關地獄的話，顯示了卡倫的憤怒，而避免和她討論神學命題，他們兩人都不會離了題。牧師也毋須補充，嘗試重申自己的立場，表示憤怒是可以的，但卻需要合適地表達。雖然這句話的內容是重要的，但在這個時候說出來卻實在十分不幸。經過這次交談後，卡倫很可能會更小心地表達自己的想法。可惜的是，她會學懂，不加修飾的感受是不適宜和牧師分享的。因此，她很可能會在說出自己的感受前，先將感受包裝得好一點。

表達感受的方式當然十分重要。不過，在輔導的這個階段，目標是發掘真正存在的感受。即使後來需要改變這些感受，也必須首先原原本本地接受。從這種交往中，卡倫聽到的信息是：如果某些感受令人厭惡，便必須把它們隱藏起來。這是轉化一個很差的代替品。因為轉化總是由誠實地接受現實開始。

現在看一看牧師實際上怎樣說，並留意卡倫的反應有甚麼不同。

牧師：你對肯真的感到十分憤怒。你似乎不能想像有甚麼命運比他應該得到的更差。

卡倫：那正是我的感覺！我的意思是，他是人渣。他只是因為找到一個更能令他興奮的少女便拋棄我，他實在卑鄙得很。我的意思是，我就是不能想像，他怎可以那樣對待我。這幾個月以來，他顯然都在對我說謊。他仍然和我一起生活時，已經和那女人見面。那真的傷害了我，令我想高聲呼叫。(開始哭) 那令我感到十分憤怒。

牧師：那令你感到十分憤怒，也帶來很多痛苦。我也明白這點。他傷害得你很深。你現在感到的，既是那傷害造成的傷口，也是你用來回應的憤怒。

卡倫：那實在很對。我希望自己能夠只是對他感到憤怒。但那只是我感受的一半。正如你所說，另一半是痛苦。我感到好像有人在我腹部插了一刀，然後扭動那張刀。我感到很痛！真的痛得很厲害！(哭得更厲害) 我從未感到這麼傷心。我不知道自己能否忍受。

牧師：正因為這樣，憤怒才會出現。我懷疑那是為了保護你免受一些你現在感到的傷痛折磨。憤怒和痛苦都是你受到傷害的自然結果。有時憤怒會比痛苦容易面對。有時痛苦則會更容易浮現。兩種感受我們都需要研究。我很高興你在過去兩個星期能夠在自己的反應中找出這兩種感受。

評論：這是很好的交談。牧師願意讓卡倫保持她的強烈感覺，讓她繼續下去，並開始看到比這些感覺更深入的事情。牧師最後的反應有教導作用，讓卡倫知道他們接下來會做甚麼。這不是他們最後一次研究憤怒和痛苦的關連，但這句簡單的話，有助卡倫為自己對痛苦的反應注入理性的元素。處理情緒創傷帶來的後果，需要應付情感、理智和行為等因素。這個介入有助將情感和理智的因素聯繫起來。

在這時，卡倫開始更多地談及自己感受到的傷害，並表示當肯最初拋棄她時，她感到多麼淒苦。整個討論都交織著憤怒和哀傷。這個討論顯示，卡倫對丈夫的憤怒，在他離開她之前已經開始，而且和他長期對她施以言語和情感的虐待有關。這帶來以下的對話：

卡倫：正如我上次告訴你，肯十分懂得以言語傷害人。當他發怒時，會說出最惡毒的話。他會對我說，我沒有腦，或者我的朋友一定在背後嘲笑我，因為我實在太蠢。有時我可以不理會這些話，因為我通常對自己的感覺都相當好。但他不斷說這些話，我也開始相信這些話是事實。我因為這樣而憎恨他。他實在很殘忍。

牧師：你上次的確提過他怎樣對待你，我想我們現在需要進一步討論這個問題。我愈多聽你說話，愈感到你的傷害和憤怒不是過去幾個星期的事，而是在很久前已經開始。你不單在處理和他離開你有關的感受；也是在處理和多年的情感虐待有關的感受。

評論：牧師在說了最後那句話後，接著想說如果卡倫要能夠饒恕她的丈夫，處理這些源自過去的感受是十分重要的。但他對怎樣引入饒恕這個觀念感到有點猶疑。他從第一節開始便一直想著饒恕這個問題，並強烈感到這是卡倫需要努力的目標。不過，他十分明白，掌握引入這個觀念的適當時機是相當重要的。

他這樣敏鋭是相當正確的。他最後認為這不是合適的時機，也似乎很有根據。毫無疑問，最終要醫治卡倫丈夫對她造成的情感創傷，卡倫需要以一個(或更可能是一連串)饒恕的行動，消除她對丈夫的憤怒。但為了準備好這樣做，她首先需要知道，自己要為了甚麼饒恕丈夫。在這時給予饒恕，要不是太早，至少也是不足夠的。真正和有意義的饒恕是意志的行動，在其中憤怒得到消除和放開。但在這樣做之前，必須明白憤怒和相關的傷害。按照卡倫的情況，這工作才剛剛開始。

卡倫現在開始探討和表達一些感受，是和由丈夫造成的長期情感虐待有關的。對她來説，這是十分困難的，因為她以前從未向任何人提及這些事。正如常見的情況那樣，她對這種虐待的反應是深刻的羞恥感。她感到傷痛和憤怒，但不知怎地，她也感到自己活該受到這種對待。可悲和重要的是，她在和好些男人的幾段關係中，都受到這種虐待。牧師懷疑這個模式是否始於父親對她的虐待，於是直接向她提出這個問題。卡倫否認父親曾經以任何方式虐待她。

評論：這樣直接查問她在原本的家庭有沒有受到虐待是十分恰當的。我們都知道，很多家庭都有身體或情感方面的虐待，或者性侵犯事件，只要有理由懷疑有這種事情發生，都必須直接問受導者。牧養輔導員必須能夠提出這個問題。無論是由於個人感到不安，或錯誤地相信教會不會發生這種事，而不提出這個問題，都等於放棄個人作為牧養輔導員的專業責任。很多真的受到虐待的人最初被問及這種事時，都會加以否認。不過，很大比率的人都會承認自己受到虐待，這對輔導來說總是有重要的含意。

在已經找出的憤怒和痛苦感受之外再加上羞恥感後，卡倫表示，她來接受這節輔導時懷著的良好感覺，現在已經幾乎完全消失了。這讓牧師有機會解釋憤怒的感覺。這種感覺在這一節第一部分佔了主要地位。其實這種感覺是用來對抗那些更深和更令人苦惱的感覺。接著卡倫表示，在很多方面，她都寧願選擇憤怒的感覺，並問牧師這感覺為甚麼那麼糟。這個問題帶出以下的對話：

牧師：我想我能夠明白，你可能寧願感到憤怒。大部分人都是這樣。這樣不單能夠阻止一些更不快的感覺，也傾向給我們一種有力量的感覺。我想今天你剛進來時，我正感受到你有那個情況。上次我見你時，你看起來完全了無生氣。但你今天來到時，你似乎，唔，更有力量——沒有那麼沮喪。

評論：卡倫問牧師憤怒有甚麼問題，他明智地選擇不回應這個問題，而是回應她說寧願選擇憤怒而不是傷痛。牧師這個選擇是好的。他沒有試圖說服卡倫消除憤怒，他的策略是幫助她明白自己憤怒的回報和代價，讓她自己預備好消除憤怒。這解釋了為甚麼牧師那樣以相反的方式回答她的問題。卡倫問他憤怒為甚麼那麼不好。他的回應卻是幫助她看到憤怒的一些好處（也就是她感到個人力量增強了）。忽略或輕視好像憤怒這些不好的行為或感受帶來的好處，只會減低真正改變的機會。

卡倫：事實上，那是真的。那就是我那位女性朋友幫助我的其中一個方法。她幫助我明白我應該憤怒，那樣令我感到好多了。但實際上，我不能肯定自己是否真的想變得憤怒，至少我不想餘生都是這樣。我那位朋友卻是這樣。我的意思是，她似乎十分喜歡吵架，而令她喜歡吵架的是男人。自從婚姻失敗後，她便很討厭男人。她不再和男人約會，甚至不和男人交往。我想我不想好像她那樣。我不單指憎恨男人。我的意思是，我不想滿懷怨恨。

牧師：為甚麼不？讓我問你那個你向我提出的問題。憤怒有甚麼不好？

卡倫：唔，我並不喜歡我認識的那些滿懷憤怒的人。有他們在身邊並不好。我也不想好像他們那樣。而且，我知道根據基督教的教導，憤怒是不好的。我知道上次你提過有關這方面的事，我不大肯定自己是否真的明白。但我知道，我們應該愛我們的敵人，而不是憎恨他們。

牧師：唔，無論我說了甚麼，無論你掌握了或掌握不到甚麼，你肯定有基督教對憤怒的教導最重要的那方面，那就是在基督裏，除了堅持憤怒這種感覺外，我們還有其他選擇。那選擇就是饒恕那些傷害我們的人。沒有饒恕的可能，我們便會成為過去的受害人，成為發生在我們身上的不公平事件的受害人。但雖然饒恕是困難的——事實上，饒恕很可能是要求人們所做的事情中最困難的一種；在基督裏，這仍然是可能的。而且饒恕是惟一通向醫治你受到那種情感創傷的路。

卡倫：我想我相信，我不大肯定自己想不想饒恕肯。這聽起來不是很可怕嗎？

牧師：事實不是這樣。那似乎相當符合現實。如果你告訴我你已經預備好饒恕他，我會叫你不用心急。我並不是想你緊緊抓著你的憤怒，那怕只是比你需要的時間長一分鐘，但我確實相信，你必須預備好才能饒恕傷害了你的人。好像你的情況那樣，饒恕嚴重傷害自己的人，是一個過程。你需要知道，自己為了甚麼要饒恕他，你也需要明白自己的感受。你現在發現的是，需要一點時間才能夠明白自己的感受。兩個星期前，你知道肯拋棄了你、傷害了你。今天我們也發現，他還在一段很長的時間前，以很多其他方式傷害了你。要你最終饒恕他，是一個相當高的要求。你很可能需要一點一點地進行。

評論：現在已經提出了饒恕這個問題。不過，提出這個問題，是因為卡倫已經預備好開始研究這個問題。她自己也承認，身為基督徒，饒恕是她責任的一部分。大部分基督徒也是這樣。但她現在學習的不單是在理論上，饒恕在基督徒生命中的重要性；而是饒恕她丈夫的實際過程。而他曾經虐待她、對她不忠、拋棄她。而且她只是剛剛開始明白這個過程。

牧師發覺時間已經差不多夠了，但他們仍未討論卡倫閱讀那些他提議的經文後有甚麼反應，於是牧師問她有沒有機會看那些經文。她表示自己看過那些經文。那些經文幫助她感受到神的愛和同在。她也表示，自從上一節後，自己更忠心地禱告。雖然她仍然不知道怎樣為肯祈禱，但仍定期禱告，求神幫助她整理支離破碎的生命，繼續走面前的路。牧師建議她繼續閱讀一些進一步肯定神這些品格的經文，因為未來可能還會有些日子，令她難以分辨神的同在。牧師表示在這一節輔導結束前，他會再提議一些經文給她閱讀。他也給了卡倫一本《選擇饒恕的恩賜》(*Choosing the Gift of Forgiveness*)。那是特別為配合這本書而撰寫給受導者閱讀的。牧師建議卡倫在下一節輔導前儘量多閱讀這本書。

接著牧師要求卡倫開始列出一些肯曾經做過、傷害她的事情，並懷著禱告的心，考慮根據自己已經預備好的情況，饒恕他的一些錯處。牧師也要求卡倫在下一節輔導時帶那份清單來，並表示他們會討論那些她認為最難饒恕的事情。

最後，牧師表示雖然他聽卡倫談了很多自己的感受，卻沒有怎樣聽到她提及她怎樣過沒有丈夫的日子。牧師表示下次見面時，希望她多一點談論這方面的事情。接著，他們安排在三個星期後再見面，並以禱告結束這一節輔導。

評論：第二節輔導主要集中在探討卡倫的問題有哪些方面和情緒有關的，這一點頗為重要。他們找出了她對丈夫的反應中的三種主要感受，而且探討了那些感受。這方面還需要做更多工作，但其中有很多都是卡倫可以自己進行的。

在這一節輔導結束時，牧師建議他們下次多談卡倫實際上怎樣應付這個問題，因為他突然發覺，自己只聽到很少關於她生命的外在事件。他開始想，她是否仍然能夠應付工作方面的要求？她怎樣和家人及朋友相處？以及她的空閒時間用來做甚麼？他希望在下一節處理更多她生命中這些具體和行為方面的問題。

第三節輔導

三個星期後，卡倫在開始第三節輔導時告訴牧師，她丈夫找過她，想和她離婚。他寫了一封信給她，告訴她這件事，並通知她，他的律師很快便會和她聯絡。他也表示想安排一段時間，在卡倫不在家裏時，讓他回去清理自己的個人財物。

牧師對這個消息的即時反應是，問卡倫收到丈夫的消息後有甚麼感覺。正如牧師所料，她感到很難過。那封信再次令她面對自己的婚姻結束這個事實，令她經歷另一輪深刻哀傷和極度憤怒。她已經開始思想自己需要為了甚麼饒恕肯，但事情的進展令她那麼憤怒，以致她放棄了這個任務，並表示自己甚至仍未預備好思想饒恕這個問題。牧師表示他明白卡倫的感受，並提議暫時不要理會那份清單，轉而更多討論她想怎樣處理丈夫要求離婚和回家清理自己的財物這些問題。

評論：這樣偏離大家同意的計劃，不用這一節來討論她那份「饒恕清單」，明顯是合適的。策略性牧養輔導按照計劃進行，但必須回應不能預計的發展，例如這裏出現的情況。不過，牧師毋須完全放棄自己對這一節的計劃。他也決定了他想處理更多卡倫生命中的具體問題，而事情的發展給他很好的機會這樣做。這也是為甚麼牧師藉著更多談及她想怎樣應付那發展，提出他對怎樣運用這一節餘下部分的建議。他當然預備好探討她的感受。不過，他想將注意力集中在她的行為上，也就是她怎樣應付目前的情況，以及會怎樣回應她丈夫的信。牧師也希望在結束這一節前，能夠回到饒恕這個問題。

卡倫表示自己對怎樣處理目前的情況感到茫然。她以為自己已經完全放棄了挽救這段婚姻的希望，但現在面對肯清楚表明想離婚，她卻驚覺自己對這件事的態度，比自己以為的更模棱兩可。牧師邀請她探討這種模棱兩可。

卡倫：唔，一方面我對他感到很憤怒，恨不得儘快和他離婚。他真無恥，欺騙了我、拋棄了我，現在在不足一個月後，更決定離婚對他來說是最好的。可能正因為這樣，我不應該和他離婚。（停頓片刻）但那只會傷害我。（開始哭）離婚也傷害我，我想我也有點不希望這段婚姻終結。我對他感到那麼憤怒，以致不能相信他不再愛我。或許這段婚姻仍然可以繼續下去。

牧師：我至少聽到兩種不同的感受，你似乎墮進一條水溝，在其中打滾。讓我們逐一看這些感受，先從你憤怒的感覺開始吧。嘗試接觸這些感受，花幾分鐘停留在這些感受中。不要讓自己回到希望維持這段婚姻那些感覺。

評論：這是一個很好的介入。每當輔導員遇到受導者表示感到模棱兩可時，應該將這些感受分開探討，並防止在不同感受中搖擺這個傾向。

卡倫很好地利用了這個介入。她首先系統地探討自己的憤怒，然後研究自己對丈夫的愛。進一步討論這些問題後，牧師表示，他相信卡倫至少在這一刻應該接受自己有多種感受混合在一起，容許自己暫時有這種混亂。接著牧師提議繼續討論她打算怎樣回覆肯的信。

卡倫：唔，我知道我不能單單因為我不肯定自己想不想離婚，便使他繼續這段婚姻。他已經決定了，而那其實已經為我們做了決定。我想我需要和律師傾談。你認為怎樣？

牧師：我認為那是一個好主意。你可能也想和律師討論一下肯要求回家收拾他的個人財物這個問題。

卡倫：我對這事感到不安。我不知道能否信任他。我的意思是，為甚麼我要信任他？想一想他已經怎樣欺騙過我。

牧師：我認為你的謹慎是合理的。所以我提議你和律師商量一下。

在這段對話之後，他們集中討論對似乎無可避免的離婚，還有甚麼相關的事情令卡倫擔心。由於卡倫的收入不足以應付她現時居住的房子的開支，她擔心自己不能夠繼續住在那裏。她也提到自己對獨自生活感到焦慮。牧師和她一起探討她有甚麼重要的關係，找出幾個朋友，如果她主動聯絡他們，告訴他們發生了甚麼事，他們可能可以給她很大支持。卡倫同意這樣做，牧師表示，下次見面時，他希望知道卡倫聯絡這些朋友後有甚麼結果。

接著，牧師回到饒恕這個問題。

牧師：讓我們再花幾分鐘討論饒恕這個問題，我們在開始時將這個問題放在一旁。你提到自己已經開始列出一些事情是他需要你饒恕的。你有沒有帶那份清單來？

卡倫：沒有，但我可以告訴你我寫了甚麼。事實上，那相當容易。我需要饒恕他的重大事情是他欺騙我和說謊。

牧師：那是一個大問題。不過，如果你不集中在他是哪一種人，而是在他做了甚麼具體的事情傷害你，會更容易應付。饒恕需要針對特定的過錯，而不是籠統的傷害或某些性格傾向。

卡倫：唔，如果我說，他和別人通姦，為了另一個女人而離開我又怎樣呢？他也向我說謊，事實上，他已經有一段長時間以謊言過活。那真的傷害了我。但在那時之前很久，他已經開始傷害我。他給我的傷害是那麼深，他傷害了我那麼多次，我不知道應該從哪裏開始。我需要告訴你他每一次怎樣傷害我嗎？

牧師：不。即使有可能那樣做，也會花太多時間，你也會用太多時間思想那些傷害。我希望你做的是按自己的想法寫下那些事情。換句話說，當你感到傷痛或憤怒時，將它化為清單上的一個項目，一件你最終需要饒恕肯的事情。

卡倫：接著我應該怎樣處置那份清單？

牧師：那份清單是要幫助你預備饒恕肯。你找出一些事情，是你需要為了它們饒恕肯後，在感到自己已經預備好時，便開始逐一為那些事情饒恕他。最重要的是，不要忘記讓神在過程中幫助你。我絕對不會期望你能夠靠自己的力量饒恕肯。他不配得到你饒恕，他也似乎沒有尋求你饒恕。要在這些情況下饒恕他，需要神的幫助。

卡倫：那是我一直在想的事情。他不配得到我饒恕。我不應該等到他要求饒恕，或至少等到他顯示他對自己的所作所為感到後悔時才饒恕他嗎？

牧師：你可以這樣做。但我恐怕如果你這樣做，你可能到死時仍然帶著你的創傷和憤怒。而且，如果他今天便死去呢？你餘生便要成為他行為的受害人，只是因為他沒有為自己的所作所為感到後悔。但你毋須成為這些創傷的受害人。你毋須在餘生都帶著它們的傷痕。脫離這些傷害完全毋須倚賴肯。現在那完全是你和神之間的事。

卡倫：我想這是好消息，因為我真的不預期他會要求我饒恕。但那怎會是我和神之間的事？我以為那是我和肯之間的事。

牧師：那主要是你和神之間的事，因為它不倚賴肯，甚至毋須和他有甚麼聯繫。那是需要在你心裏發生的事情。要你這樣改變自己的心，需要神的幫助。饒恕不是人的本性。我們的自然反應要不是報復，就是保留報復的權利，為自己感到難過。只有神可以給我們這兩個選擇以外的另一個選擇。那個選擇就是饒恕。

卡倫：我知道我需要神幫助。我一直都祈求祂幫助我饒恕肯，我也曾經嘗試饒恕他離開我。但我對他仍然感到憤怒。那是否表示我仍然未真正饒恕他？

牧師：你不是仍然未真正饒恕他，而是仍然未完全饒恕他。記得我說饒恕是一個過程嗎？只有神才可以一次便即時完成。我們都需要一點一點地一再進行。如果你繼續感到傷痛和憤怒，或者甚至需要一再饒恕他，都不要感到失望。每當你再次感到傷痛，你便再次面對相同的選擇，要不是保留那怒氣，想像怎樣報復；便是消除那怒氣。即使你選擇消除怒氣，也就是饒恕，你也會再面對那個選擇。在未來幾個月，甚至幾年，你都會一再需要消除怒氣。這就是饒恕的過程。

這一節輔導在這段談話後不久便結束。牧師問卡倫對他給她那本書有甚麼看法。她表示那本書頗為有幫助，並問牧師一個那本書提出的問題。他們簡略地討論了那個問題。牧師建議卡倫繼續閱讀那本書，並記下其他問題。他也提醒卡倫記得聯絡幾位朋友，將自己的情況告訴他們。牧師和卡倫約定四星期後再見面，並提議下次見面時檢討她的進展，考慮那應否是他們最後一節正式輔導，還是再多一節輔導對她會有幫助。

評論：這一節輔導完成了很多工作。卡倫以負責任的方式處理自己的感受，而且在饒恕丈夫方面也有很大進展。牧師繼續將饒恕這個問題放在主要位置，雖然他也恰當地繼續和卡倫討論她的感受，和她面對的一些重要決定。他們將焦點集中在這些決定，以及卡倫計劃怎樣應付自己面對的轉變，令牧師可以按自己的原意，集中在具體的行為上。探討感受可以是無了期的，除非對行為有相應的關注。短期輔導永遠都需要這種對行為的專注作為平衡，否則便會變成沒完沒了地探索和表達感受。牧師提議利用下一節檢討卡倫的進展，並表示那時他們可以考慮那會不會是最後一節輔導，藉以開始預備卡倫接受他們一起進行的工作正式結束。

第四節輔導

開始第四節輔導時，牧師提醒卡倫，他們同意利用這一節來檢討大家的進展，以及進一步討論卡倫怎樣應付她的問題。卡倫描述她怎樣恢復和幾位已有一段時間沒有見面的朋友聯絡。她表示她感到在過去六個月，自己一直都避開別人，現在為此感到後悔。她發現這些朋友真的十分關心她，令她開始感到，婚姻結束後，生命仍然可以繼續下去。

牧師問她離婚以及和肯進一步接觸的情況怎樣。她表示上一節輔導結束後，她聯絡了一位律師。那律師正與肯的律師討論離婚的事。卡倫似乎能夠平靜地接受這個過程，雖然她仍然擔心婚姻告終對她的經濟會帶來甚麼影響。接著牧師問卡倫，饒恕這件事的進展怎樣。

卡倫：那真的很困難。我不肯定自己有沒有甚麼進展。我嘗試為了他對我做的事饒恕他，但我不能肯定自己是否真心。我對他仍然感到有點憤怒。

牧師：你仍然感到憤怒，我並不感到驚訝。記得我告訴你，這些感覺很可能會在一段時間內不斷出現嗎？但隨著時間過去，它們很可能會變得愈來愈弱。不過你和那傷害仍然很接近，所以那些憤怒的感覺仍然強烈，我也並不感到驚訝。問題是，你想怎樣處理這些感覺？

卡倫：那很簡單。我的確想除去這些感覺。我不喜歡憤怒。但肯做了那麼不公平的事情。我受到的對待，應該比他給我的好。

牧師：你是絕對正確的。你的確應該受到較好的對待。他的所作所為既殘忍又不公平。但正因為這樣，饒恕才是合適的做法。如果你應該得到那樣的對待，便沒有理由需要饒恕他。

卡倫：但他不配得到饒恕。他應該受到傷害，正如他傷害我那樣。他應該受到懲罰。

牧師：同樣，對此我不能提出任何反對。他的確應該受到懲罰，而不是得到饒恕。沒有人配得到饒恕，包括我和你。

卡倫：(停了一會)我想我明白你的話。你是說我也得到饒恕，而那也是我不配得到的。

牧師：那正是我想說的。事實上，我相信這是期望你能夠饒恕別人的惟一原因。當你說你接受了不配得到的饒恕，在你心目中饒恕你的是誰？

卡倫：是神。我很明顯不配得到祂的饒恕，但祂還是饒恕了我。事實上，即使我不斷犯罪，祂仍然繼續饒恕我。我以前從未真正想過這點。

牧師：思想神給我的饒恕，其中一個原因是，當我嘗試饒恕別人時，神的饒恕提醒我，我和那個傷害我的人，並不如我想像中那樣不同。當我只看著自己和傷害我的人時，我視自己為受害人，對方則是惡棍。我不感到我們有甚麼共通之處。不過，當我記得自己和對方一樣，做了一些既傷害神，又傷害別人的事時，我便漸漸開始看到，我和傷害我的人比我想像中更相似。我相信這是一個過程的部分開始。我透過神的眼睛，而不是單從自己受到傷害的角度看對方。

卡倫：我真的希望那樣做。我曾經嘗試為肯禱告，但仍然未有你描述的感覺。

牧師：你怎樣為肯禱告？

卡倫：唔，我大多數祈求神給他一個教訓，讓他知道他多麼深地傷害了我。

牧師：我不肯定這是不是你最需要祈求的事情。我建議你以祈求神讓你以祂的眼光看肯作為開始。也就是說，祈求你會透過神的愛，而不是你的傷痛來看他。當神應允這個禱告時，我相信你會開始看到，肯是軟弱和有需要的人，而不單單是一個邪惡的人。我相信你會開始稍為看到他自己的需要、不成熟，或許還包括他的問題蒙蔽了他，令他看不到你的需要，以致傷害了你。這並不是為他的所作所為開脫，但卻可能有助你明白他的行為。

卡倫：我相信我明白你的意思。透過神的眼睛看肯的確會有幫助。我已經可以看到，他並非故意傷害我。他從沒有真正看自己以外的事情。那就是他的問題所在。

牧師：而且，你的祈禱還可以加多一點東西。你應該為他祈禱，而不是為他和你的關係祈禱。我提議你不要祈求他看到自己怎樣傷害了你（讓你感到比較好受），而是祈求神幫助他不要只顧自己，並可以成為一個比較好的人。實際上，你這樣祈禱時，是祈求神祝福肯。能夠改變你對他的態度的祈禱，正是以這點為核心。

此刻，牧師感到卡倫可能可以這樣祈禱，於是便問她是否願意這樣做。卡倫同意。他們便一起禱告，求神祝福肯，並給卡倫神對肯的愛和眼光。

他們的禱告結束後，卡倫表示她感到好了一點，並認為剛才的事，對她來說是一個轉捩點。牧師希望她保持實際，再次告訴她，她很可能會再感到憤怒，但她現在已經有辦法應付了。不過，從卡倫願意消除憤怒，以及怎樣圍繞神處理自己受到的傷害；牧師也感到，她到了一個重要的轉折點。

結束這一節輔導時，牧師問卡倫她希望怎樣走前面的路。卡倫提出幾個她為自己的將來安排的臨時計劃。牧師澄清說，他指的是進一步的輔導。卡倫表示她認為目前並不需要更多輔導，但問牧師如果她改變主意，可否再聯絡他。牧師同意她的想法，並要她在大約一個月後，無論有沒有改變主意，都和他見面，讓他知道事情的進展。

評論：這似乎是給卡倫的輔導一個很自然的結束。

她回應了牧師對她「希望怎樣走前面的路」這個有點含糊的提問，談及自己對將來的計劃。這是一個好的迹象，顯示她已經不單應付過去，也開始處理將來的事。她的感受已經沒有那麼嚴重地影響她。她在饒恕丈夫方面也有好的進展。這工作會好好地繼續下去，但她毋須繼續接受輔導。

7

個案研究二

牧者往往以為輔導是一個持續的過程；他們不明白很多時輔導可以在一節內完成。策略性牧養輔導更是如此。因為這種輔導十分專注於焦點，所以特別適合那些需要牧養諮詢，而不是持續輔導的人。這個個案研究表明，一節的輔導可以怎樣涵蓋策略性牧養輔導模式的主要任務。我們提出這個個案，用來提醒牧者，一節的牧養諮詢有甚麼重要價值。

比爾(Bill)是一位四十多歲的已婚男士。他是教會一位相當資深的會友。他和太太都頗為投入教會生活，三個子女都在教會長大。比爾以前是一個基督教機構的行政人員，那個機構在第三世界從事社區發展和救濟工作。但最近機構因為收入減少，進行重大改組，取消了比爾的職位。比爾收到六個月遣散費，然後被解僱。他最終在一間廣告公司找到一份工作性質和以前差不多的工作。

比爾在好幾個場合都和牧師提過這些改變。現在這次接觸是牧師在教會不經意地問及比爾的工作後開始的。兩人有以下的談話：

比爾：這份工作相當不錯。但我必須承認，面對上一份工作的完結方式，我仍然感到難受。

牧師：聽到這事令我很難過。你在哪方面感到難受？

比爾：我不能肯定現在是否適合討論這個問題。那是比較難解釋的。或許我應該改天到你辦公室和你傾談。你這個星期有時間嗎？我想那不會花太多時間。但我希望有機會將這件事情傾吐出來。

牧師：我有很多時間，很樂意和你見面。讓我下午打電話給你，約定下星期初見面吧。

評論：如果牧師坦白的話，便會承認她那個問題是用作打招呼，多於認真地問候比爾。因此，比爾的回答令她有點吃驚。不過，她很快便恢復過來，並要求比爾說得詳細一點。這句話也沒有帶來她預期的結果，因為比爾表示，當時的時間和環境都不適合回答她的問題。這清楚表示他正面對一些真實的掙扎。對自己冒失地碰到這些困難，牧師仍然感到自己有點愚蠢，不過她至少因為有機會留待遲一步才處理這些問題而感到高興。

不過，牧師實際上毋須因為這段談話而感到不安。比爾從沒有暗示過自己有困難，而好像牧師和他進行的閒談是教會社交生活必不可少的部分。在這段簡短的交談中，牧師惟一能夠做得比較好的，可能是以「我沒有發覺這對你來說仍然是一個掙扎」這句話，代替「你在哪方面感到難受？」這個問題。這樣可以表示她樂意聽更多關於那件事的話，而又不致要求比爾說出具體的細節。不過，這只是一個相當細微的問題。他們的談話達到了目的，令牧師發覺比爾的需要，給他們機會展開牧養輔導。

那一節輔導定了在接著的星期二進行。在準備這次輔導時，牧師回想過去幾個月，就比爾之前怎樣被辭退這件事，她聽到甚麼消息。她嘗試推測甚麼困擾著比爾。她想到比爾可能覺得自己受到前僱主不公平對待。而且那是一個基督教機構，牧師懷疑這也可能引致比爾感到怨恨或犬儒。她也決定，根據他們的簡短談話，她會將輔導定為一次過的諮詢。

評論：這種在心裏進行的預習是頗為常見的，特別是經驗較淺的牧者。這樣做往往沒有甚麼幫助，而且通常都是不需要的(大家見面時，受導者會將你需要知道的事情告訴你)；有時更是有害的，因為這樣會令受導者來到時，牧者更難聽到他們說的話。先入為主會干擾聆聽，引導輔導員只聽到自己預期會聽到的話。更有建設性的準備工夫是，花一點時間為對方、自己和大家一起的時間禱告。

牧師打算將這節輔導當為一次性的諮詢是好的。在這一刻毋須作確定的決定，而事實上，在這個時候，作確定的決定是不合宜的。不過，當時顯示那個問題的嚴重程度，表明一節(或很短期的介入)可能已經足夠。如果不考慮一節的輔導可能已經足夠，往往會令往後的幾節變得沒有效率和不必要。另一方面，低估所需節數的惟一潛在問題是，牧者可能需要在第一節調整自己的計劃。雖然可能有這些情況出現，傾向短時期，也就是傾向低估所需的輔導節數，帶來負面後果的可能性，比傾向長時期輔導為低。

第一節輔導

牧師：早晨，比爾。很高興見到你。

比爾：早晨，多謝你願意抽時間見我。你問及我的工作，我真的感到很高興。正如我說，我的工作進展得很好。它實際上和我以前的工作十分相似。惟一分別是我現在不是為基督徒工作，但那對我來說沒有甚麼問題。有問題的不是我現時的工作，而是我對上一份工作的感受。

牧師：告訴我多點關於那份工作的事吧。

比爾：唔，我仍然為了他們怎樣解僱我而感到不開心。事實上，某程度上，我比六個月前，那件事發生的時候更難過。那時他們告訴我，遣散我並不是因為我有甚麼問題。那只是因為機構要重組，我那個部門變得多餘。事實上，他們告訴我，他們會用外面的廣告公司做我部門的工作，這樣會比較化算。有一段短時期，他們可能真的這樣做；但我知道最近他們請了另一個人，負責很多我以前做的工作。我相信這個人和我以前的職級不同，但想到他們解僱我時，告訴我那不是因為我有甚麼問題，現在卻請了另一個人做我的工作，令我感到不高興。

牧師：那真的令人十分苦惱。你一定覺得自己被出賣。他們似乎對你不夠坦白。

比爾：正是這樣。而他們是基督徒！正是這點令我感到憤怒。我不會再替基督教機構工作。我寧願每天和狼羣來往，也不要再和羊羣為伍！

牧師：似乎你受到的傷害，很大部分源自你對他們這些基督徒的行為感到失望。由於他們是基督徒，你對那事奉有更高的期望。你被羊咬傷，但一直以來，人們都令你相信，咬人的是狼。

評論：這最初的幾分鐘，讓比爾和牧師進入策略性牧養輔導相遇階段的任務。由於他們之前的關係，他們即時開始進入這個步驟。牧師在見面前，透過電話恰當地定下了界限(説明時間限制和這節輔導的目的)。她表示自己這個上午有一個小時，可以更詳細地聆聽比爾的問題，和他一起從信仰角度看那些問題。由於他們處理了這些事情，在輔導時便可以很快開始探討主要的問題，而他們現在便開始這樣做。

比爾：那正是令我感到傷痛的地方。我曾經在幾個基督教機構服務過，沒有一個是比較好的。他們説話都很動聽，但你看到的情況卻不一樣。而這個機構肯定是最差的。如果他們只是想找一個薪金比我低的人代替我，他們應該坦白告訴我。他們的忠誠在哪裏？我好好地為他們服務了四年，而且收取的薪金，比我能夠賺到的少很多。那就是我對他們的承諾。他們對我的承諾又在哪裏？

牧師：問得好。不過讓我們將焦點先放回你自己身上。讓我們回到你為甚麼為這個機構服務，甚至回到你為甚麼為以前那些基督教機構服務。我想聽聽你為基督教機構服務的動機、期望和盼望。

評論：這是一個很好的介入。將焦點集中在比爾，而不是他以前的僱主身上。這也為他的問題引入一個重要的歷史角度，並合宜地將目前的問題，聯繫到某個歷史背景中。最後，這樣也引入一個討論的方向，讓牧師可以更明白，比爾對自己被解僱和他正在經歷的怨恨，有甚麼屬靈回應。

比爾對牧師最後那句話的反應頗為有啟發性。他表示他決定為基督教機構服務，是出於渴望事奉神和為世界帶來改變。在為他曾經服務過的兩個基督教機構工作前，他在外面的廣告公司做過幾份不同的工作，對那些工作感到不大滿意。這些經歷令他質疑廣告界的主流倫理思想，也令他對有機會將自己的才能貢獻給基督教機構感到很興奮。

在回答牧師問他，現在他事奉神的推動力是甚麼時，比爾表示，他仍然很希望事奉。他也指出，與以前在外面的工作相比，他感到現在遇到較少價值觀方面的衝突，因為他只負責一個客戶，而那是一間大醫院，他推廣那間醫院並沒有甚麼問題。不過，他也表示，他確實懷念以前在日常工作中，可以直接事奉神的日子。牧師表示，她相信事奉神不限於在基督教機構工作，並鼓勵比爾放棄區分神聖和世俗的工作，想想怎樣可以在現時的工作，並透過這工作，最好地事奉神。

比爾：我想你是對的。我會多思想這個問題。我真的不應該因為自己目前的工作崗位而感到內疚。那是一份工作，讓我可以謀生。而我現在所做的事對社會也是重要的。因此，我認為這工作對神來說也是重要的。

牧師：你這樣想是絕對正確的。但這有沒有影響你對以前僱主的感覺？

評論：牧師很恰當地將討論帶回主要的問題上，那就是比爾因為受到那個基督教機構的對待，而仍然感到苦惱。

比爾：我認為沒有。我想我仍然因為他們那樣對待我而感到憤怒。

牧師：我認為那憤怒是相當合理的。但你想怎樣處理它？

比爾：我想除去那憤怒。我想我希望忘記他們，不要在想到自己生命中那段日子時感到難過。

牧師：隨著時間過去，那情況可能會出現。但你還有其他結果更確定的選擇。不過肯定會困難得多。我不知道你有沒有想過，饒恕那個機構中曾經傷害你的人。

比爾：我想那是我需要做的事。我對神說過我饒恕他們。但我不大肯定自己是否真的那樣做。我仍然感到頗為憤怒。

牧師：誰特別令你憤怒？是那個機構，還是其中某一個或幾個人？

比爾：我對整個機構都不存幻想。但我相信，我的憤怒實際上集中在我的直屬上司，機構的副主席身上。主席為我寫了一封很好的推薦信，令我得到現在這份工作。他似乎真的為我離開而感到難過。不過，我一直都不能肯定，我的上司是否這樣。你就是不能確定他有甚麼感受。在很多方面，我都沒有真正信任過他。

牧師：為甚麼那樣？

比爾：他看來就是不值得信任。他總是說正確的話，但我總覺得他太圓滑。我也見過他怎樣對待機構的其他人。沒有人真正信任他。

牧師：他有沒有做過甚麼事情傷害你？或者令你感到很難信任他？

比爾：沒有。我和他的關係其實不錯。除了一些小事外，我沒有任何理由對他感到憤怒，直至他告訴我，我們廣告部所有人和另外一些人都要離開，讓機構可以消除赤字。

牧師：你較早時原諒他，是原諒他甚麼？

比爾：唔，我沒有真正想過。我想我是原諒他辭退我吧。

牧師：我認為具體一點，對你會有幫助。讓我們假設，辭退你不是他的意思，而是管理層應付財政赤字的計劃的一部分。如果這個假設是合理的話，我們便可以排除單純的個人恩怨。這看起來是否一個合理的假設？

比爾：這是我可以接受的。

牧師：但他執行這個決定的方式卻真的令你感到傷痛和憤怒。所以他的確需要負一部分責任。他真的犯了一些錯。

比爾：那是肯定的。

牧師：他做了，或者沒有做甚麼？如果你要消除受傷和憤怒的感覺，你需要為他傷害你的具體事情饒恕他。讓我們列出這些事情吧。第一項是甚麼？

比爾：唔，那很簡單。實際上只有一件事。他對我不是完全坦白。他欠我一個直接的解釋。我整個部門都被解散了，有兩個人失業。他告訴我，他們會以合約方式，委託一間廣告公司代替我們工作。這樣機構每年可以節省三萬元。我認為這是完全說不通的。我也這樣告訴他。現在他們聘請了另一個人，證明當時我是對的。

牧師：好吧。他給你的最主要傷害是辭退你，但卻沒有實際的計劃處理這件事。事實上，他那樣做似乎是不切實際的。所以他現在要再聘請另一個人。但你剛才提過忠誠這個問題。那也是其中一部分嗎？

比爾：唔，似乎我不是惟一被辭退的長期僱員。還有好些工作年期比我長得多的人被解僱，其中一個更是位副主席。但我一直都感到他們欠我更多。如果後來他們找我，告訴我他們需要請人做我以前做的部分工作，我也會感到他們待我比較公平。我想那樣我可能能夠理解，也會令我覺得自己受到尊重。

牧師：那是一個重要的發現。他傷害你是因為沒有尊重你，特別是因為後來他發覺，自己仍然需要找人，至少找個人做你以前做的部分工作。

比爾：正是這樣！傷害我的正是這點。也正因為這樣，我現在對整件事的感受，比幾個月前更糟。

評論：如果比爾能夠消除自己的怒氣，饒恕他以前的上司，輔導的這個部分是十分重要的。要這樣做，他需要明白自己為了甚麼饒恕上司。現在他們發現，真正的傷害不是上司最初辭退他，而是後來聘請別人代替他。比爾在輔導開始時說的第二句話已經透露了這點，但牧師忘記了。比爾很可能沒有忘記這點，但只是透過小心檢視他的創傷這個過程，他才能夠清楚分辨出在情感創傷中，最基本和關鍵的因素。

接著，他們轉而討論饒恕那些沒有要求饒恕，甚至很可能不感到有這個需要的人這個問題。比爾也問牧師，他是否需要和舊上司傾談，以便饒恕他。牧師指出，饒恕開始時需要是比爾和神之間的事情。只有他在心裏饒恕了那個人，才能夠知道是否適合和他傾談。這時，牧師問比爾是否準備好再次饒恕舊上司，並提醒他這很可能不是他最後一次需要這樣做。不過，牧師懷疑比爾現在是否已經準備好消除他的怒氣，饒恕他的舊上司。

比爾：我也想這樣做。但我應該怎樣做？

牧師：唔，這實際上既是整個過程最簡單，又最困難的部分。那是簡單的，因為基本上它只涉及放棄你仍然對他感到憤怒的權利。但它也可能是要求一個人做的事情中最困難的一種，因為我們心裏的每個部分都高呼我們有權憤怒。

比爾：那肯定是對的。我的確感到要我放棄怒氣是不公平的。我知道我應該這樣做，但卻感到那是不公平的。

牧師：整個麻煩中沒有甚麼是公平的。你得不到公平對待；那是毫無疑問的。沒有人得到自己應得的。但你堅持發怒也不會帶來公平。這樣不能懲罰你的舊上司。那只會懲罰你。我們從神對我們的饒恕學到的是，饒恕和公平毫無關係。神饒恕我們的罪，表示我們得不到我們應得的。相反，我們得到自己不配得，也永遠不可能配得到的。饒恕完全超越賞罰這個問題。而神對我們的饒恕，令我們能夠饒恕那些傷害我們的人。

比爾：我想我已經準備好饒恕他。至少我想嘗試一下。

這時，牧師建議比爾藉著禱告給予饒恕。她也提出，能夠將憤怒的心改變為饒恕的心的是，求神祝福我們嘗試饒恕的人，並求祂幫助我們，以祂的眼光看那個人，透過愛而不是傷害的眼光看那個人。比爾接受這些建議，作了一個反映這些建議的禱告。接著他們進行了以下的對話。

比爾：那真的開始改變我對舊上司的觀感。我很難祈求神祝福一個人，而仍然對他感到憤怒。

牧師：那是很對的。也是你需要緊記的事。你可能仍然有傷痛或憤怒的感覺。如果你真的有這些感覺，要記得怎樣應付它們。祈求神祝福你舊上司的生命，並求神繼續醫治你的創傷。

這時，牧師問比爾還有沒有其他事情想討論。比爾表示沒有，他們同意結束那節輔導。牧師鼓勵比爾，如果對他們討論過的事情，他需要進一步幫助，可以再找她。牧師也給了比爾一本《選擇饒恕的恩賜》。那本書是為受導者撰寫，用來配合這本書使用的。

評論：這一節輔導，是一節策略性牧養輔導介入的一個範例。這節輔導圍繞和饒恕有關的問題。如果事情的進展並不如這節那麼順利，牧師便需要提議進行多一節輔導，或許在幾個星期後。不過，這個個案並沒有這個需要。比爾在不足四十分鐘內，已經得到很大幫助。那幫助是高度集中，明顯是牧養性、有明確的基督教特色，而且小心地配合了比爾的需要。

8

個案研究三

最後一個個案是關於琴 (Jean) 的。她是教會會友，今年十八歲，是青少年小組的活躍成員。琴是一個聰明、成熟和十分盡責的女孩子。同輩都很喜歡她，負責牧養青少年的牧師也很尊重她。雖然她好靜和有點膽怯，但已經參與了青少年小組的領導工作幾年，而且一直都是小組的忠實支持者。

一天晚上，在查經班結束後，琴找牧師談話，問牧師可否抽時間和她傾談。牧師南希 (Nancy) 提議翌日待她下課後去接她，一起到餐廳傾談。雖然南希在教會有辦公室，但她大部分輔導都在非正式場所進行，她發覺這樣能夠令那些少年人比較安心。

第一節輔導

接了琴放學後，在駕車到附近一間餐廳途中，牧師開始和琴閒談，問她學校的情況。琴告訴牧師自己參加了學校即將舉行的音樂節。她們繼續談論這個音樂節和學校的其他活動，直至她們在餐廳安頓下來。這時，牧師問琴想和她討論甚麼。

琴　：唔，我不知道應該從哪裏開始。我想最好是從兩星期前的查經開始吧，關於關係那一課。那晚你說，除非我們愛自己，否則我們不能夠愛別人。我想那正是我的問題。我並不真的喜歡自己。

牧師：琴，你這樣說令我很驚訝。不過，很高興你告訴我。你為甚麼不喜歡自己？

琴　：我就是不喜歡自己。不是因為我的外貌，而是因為我這個人。

牧師：我不明白。這是甚麼意思？那是因為你這個人？

琴　：我不知道我能不能夠說清楚。我就是不喜歡自己。我不能描述得更好。

牧師：那麼讓我們從另一個角度看吧。你是誰？假設你要向一個對你一無所知的人介紹自己，你會告訴他們甚麼，讓他們知道你是誰？

琴　：那真的很困難。我討厭這種事情。

牧師：那是困難的，但試一試吧。你會說甚麼？

琴　：唔，我想我會說，我喜歡人，喜歡音樂和運動。(停了一會) 我大概也會告訴他們關於我家庭的事。但他們仍然不能真正認識我。沒有人能夠。

牧師：沒有人真正認識你？很多人都認為自己認識你，而且他們喜歡這個他們認為自己認識的人。有甚麼是他們不知道的？

琴　：他們就是不認識我。我不是他們眼中的我。他們喜歡的那個人是我製造出來的。我很擅長扮演那個角色。但那不是我。

評論：這時，牧師開始感到，不知道可以怎樣幫助琴表達自己的感受。然後她突然想到，她想知道的是琴的感受，不是琴對自己本性的解釋。於是牧師說出以下的話。

牧師：你那麼不喜歡自己，以致要扮演令別人喜歡的角色。那感覺是怎樣的？

琴　：那感覺並不好，而且更糟，實在很可怕。最近我甚至想離開青少年小組。他們都以為我是一個好基督徒。但我不是，我不是我假裝的那個人。

評論：牧師問琴有甚麼感受，似乎和問她為甚麼不喜歡自己一樣，沒有多大用處。琴提到自己不是一個好基督徒，這似乎是有用的線索。牧師決定從這方面入手。

牧師：你在哪方面不是你假裝的好基督徒的模樣？

琴　：我不是一個很好的人。如果你知道有時我怎樣想我的朋友；如果他們知道……我可以是最刻薄的人。這就是我不喜歡自己的其中一個原因。

牧師：你對自己的評價聽起來相當嚴苛。告訴我，你這樣說是基於甚麼。你形容自己刻薄時，心裏想著甚麼？

琴　：如果你知道我對朋友經常有甚麼感覺，你也會用這個詞語來形容我。阿普爾 (April) 便是一個好例子。我知道我不應該妒忌她，但我確實是這樣。艾倫 (Allan) 開始和她約會……我想我早已經喜歡他，但他從沒有留意我。事情永遠都是那樣。每個人都喜歡和我做朋友。是的，只是做朋友。但我從未有過男朋友。

牧師：你妒忌阿普爾？我能夠理解。但你形容自己刻薄？

琴　：我的確是！我心裏很憎恨阿普爾長得那麼漂亮。我憎恨她，因為她有艾倫。

牧師：你似乎感到被遺忘。其他女孩子都有男朋友。但你卻只有男性朋友。

琴　：對呀。我的確感到被遺忘。我不喜歡那樣。

評論：牧師現在感到有些實質的事情可以處理了。不過，她仍未肯定這是否主要問題。琴開始時說她不喜歡自己。牧師感到需要確定，沒有男朋友和得不到接納以及不喜歡自己這些更籠統的感受有甚麼關連。

牧師：我明白你沒有男朋友，也不喜歡被遺忘的感覺。但你開始時提到你不喜歡自己。這是你不喜歡自己的主要原因嗎？

琴　：這是原因之一。但我想，我不喜歡的是自己的虛偽。我知道自己內心怎樣。正如我說過，我既可怕又刻薄。而且不單是對阿普爾，我對很多朋友都有可怕的念頭。有時我甚至不單是想想而已。(停了很久)

牧師：你說「不單是想想而已」是甚麼意思？

琴　：我認為我仍然未預備好談這件事。我剛才沒有說那句話便好了。

牧師：你毋須說自己不想說的事。但你在說不真實，說扮演某個角色。我想邀請你，在感到預備好時，至少完全誠實地對待一個人——那就是我。我接受你想和做一些和基督徒相距很遠的事情。雖然我現在知道你這樣，但我仍然那麼喜歡你。事實上，我真的欣賞你對我那麼坦白。

琴　：(開始哭起來) 我想告訴你，但我感到那麼羞愧。(停了很久) 我在學校散播了一個關於阿普爾的謠言。我現在感到很難過。我這樣做是要傷害她，我也知道她真的受到傷害。但我不知道現在應該怎樣做。我對阿普爾的一些朋友說，她曾經墮胎。我告訴他們，那是我父母告訴我的。他們是阿普爾父母的好朋友。她的朋友信以為真。我知道，因為他們將這事告訴其他人。我分別從兩個人口中聽到這個謠言，所以我知道這個謠言已經傳開了。我也知道阿普爾也聽到這個謠言。她不知道造謠的是誰。但我知道她的確受到傷害。但那謠言是假的。我製造這個謠言，只是為了傷害她，因為我妒忌她。

牧師：你做錯了。你也知道。但你告訴我你做了甚麼，有助我明白你多麼妒忌阿普爾，也幫助我明白，你對自己的感覺多麼糟。

琴　：(哭泣) 你完全不知道我感到多麼糟。我的所作所為是完全不能饒恕的。我怎能夠自稱基督徒？我怎能夠裝作我是她的朋友？現在你明白為甚麼我想離開小組。(飲泣)

這時，琴哭得頗為厲害。牧師希望自己沒有選擇在這個公眾地方和她見面。她問琴想繼續在餐廳傾談，還是到她在教會的辦公室。琴表示她不想再談下去，只想回家。牧師說她不願意在這個時候離開琴，並問琴會否再考慮和她去教會。琴再次表明自己想回家。

牧師說她當晚稍後會打電話給琴，希望很快可以再和她見面。

評論：這是這位牧師第一次和青少年在餐廳或其他公眾場所見面時遇到困難。不過，雖然她希望自己約了琴在教會或比較私人的地方見面，她並不認為自己基本上在教會以外和青少年見面的做法是錯的。

不過，她很擔心琴。她感受到琴的痛苦，覺得自己不能幫助她。但實際上，她的確幫助了琴。她給琴機會表達自己的痛苦，而表達出來的痛苦，是有人分擔的痛苦。這對琴來說是一個開始。至少有人分擔她的感受。牧師希望她們稍後可以繼續討論下去，也希望自己能夠幫助琴經歷神的饒恕和愛。

牧師當晚稍後打電話給琴，問她覺得怎樣。琴因為自己變得那麼憂傷而向牧師道歉，並表示自己已經覺得好一點了。牧師建議她們翌日再見面，繼續他們的討論。琴也同意，並表示或許她們應該在牧師於教會的辦公室見面。琴也告訴牧師，自己還有些事情想告訴她，但感到很害怕。她也說她們翌日見面時，她會嘗試告訴牧師那些事情。

第二節輔導

翌日下課後，琴來到教會。她似乎頗為憂傷。開始這節輔導時，琴再次說自己有一個祕密，但感到仍未預備好說出來。牧師表示尊重她對時機的感覺，但希望她可以有足夠的安全感，願意將自己的祕密告訴她。

評論：對青少年來說，這種祕密並不罕見。如果輔導員將注意力集中在祕密上，嘗試要青少年將祕密說出來，那祕密會成為一個真正的陷阱。牧師留意到琴在這節輔導開始時提到那個祕密，發覺這是縈繞在她心間的問題。不過，牧師明智地決定避免追問那個祕密，而是回到前一天的討論。

牧師：如果你願意的話，我建議我們繼續討論你的看法。你認為自己散播那個關於阿普爾的謠言，令你不能得到神的饒恕。告訴我多一點這件事。

琴　：那是一件相當可怕的事情。我打算傷害她，而且也確實這樣做。她的聲譽本來很好，但我卻破壞了她的名聲。她永遠都不會這樣懷孕，即使她會，她也絕對不會墮胎。(開始哭) 她不是那種人。(停下來)

牧師：你可以以很多不同方式破壞她的聲譽。為甚麼你捏造墮胎這個故事？

琴　：(開始不能自制地哭起來) 那是我的祕密。那是可能破壞我的聲譽的事情。(停了很久) 我要告訴你的事情，請絕對不要對任何人說。去年夏天我懷了孕，而且墮了胎。現在你知道我為甚麼憎恨自己。我做了這種事，永遠都不能饒恕自己。那太可怕了！我實在太可怕了！

評論：琴一直都表示她仍未準備好說出這個故事，現在她突然間說出來，令牧師完全措手不及。不過，一切都立時變得清楚明白。琴為甚麼憎恨自己？為甚麼她製造那個關於朋友的謠言？為甚麼她感到自己這個基督徒是那麼虛偽？為甚麼她考慮離開青少年小組？這一切都似乎和她懷孕及後來的墮胎有關。牧師也記起，去年夏天，她頗為擔心琴，因為琴顯得抑鬱和退縮。但幾個月後，這情況便消失了。現在牧師因為那時沒有主動接觸她而感到遺憾。

牧師對琴這樣表白的反應是離開自己的椅子，上前擁抱琴，向琴保證自己愛她，對知道琴一直背負著那麼沉重的擔子感到哀傷。琴繼續痛哭。兩人都有一段時間沒有說話。當琴漸漸停止哭泣後，牧師回到自己的座位。

牧師：琴，我相信我開始明白為甚麼你那麼憎恨自己。你和阿普爾的事件只是冰山一角。你一定充滿罪疚感。

琴　：我的確是這樣。我感到很羞愧。那好像一個惡夢。我不能相信那件事情真的發生。我不能相信我和別人有性行為，我不能相信我懷了孕，我不能相信自己做了那件事……我指的是墮胎。

牧師：將那件事詳細一點告訴我好嗎？我知道那可能很困難，但我認為你將整件事說出來是很重要的。

琴開始描述過去六個月的事件。一切都由一次性經驗開始。那是她第一次，也是最後一次性經驗，在一個舞會後發生。當時她喝醉了酒。琴並不習慣參加這種舞會或喝酒。不過，舞會是她中學畢業的部分活動。她發覺自己想做自己一直抗拒做的事情。雖然她對那晚的事情的記憶有點模糊，但她記得自己決定將謹慎和原則拋開，好好享受一下。她也記得舞會結束後，和她約會的男孩在汽車上不斷要求和她發生性行為，她也記得自己答應對方的要求，後來很快便失去知覺。

翌日她充滿罪疚感，也很擔心。她對自己所做的事，感到十分羞愧；也擔心自己的聲譽，亦害怕自己會懷孕。學校的朋友取笑她喝醉酒。但似乎沒有人發覺她和與她約會的男孩之間發生了甚麼事。她的朋友在夏季後都離開了，她希望自己可以將那晚的事情保密。她嘗試尋求神的饒恕，並將整件事忘記。不過，當她發覺自己懷了孕後，一切都變得支離破碎。

這時，她幾乎是不假思索地決定掩飾整件事。她沒有認真想過告訴父母、那個和她約會的男孩(那晚以後，她沒有再見他)，甚至她最好的朋友。她只是掙扎了一段很短的時間，便決定去墮胎。不過，這個行動沒有解除她的痛苦。罪疚感和自我厭惡只是剛剛開始。當琴開始描述這些感覺多麼深刻時，她說她永遠都不能饒恕自己的所作所為，也永遠都不能再次要求或接受神饒恕。這引致以下對話：

牧師：琴，我完全不懷疑你因為自己所做的事而感到多麼糟。但我不同意，因為這樣，你便不能夠得到神的饒恕或祂的愛。

琴　：你沒有聽到我說甚麼嗎？我放棄了自己堅守的一切，包括我對跟隨耶穌的委身。我還殺了在我肚裏的小生命。如果神可以不理會這些事情，我不認為祂是值得我尊重的神。

牧師：但神沒有忽略你所做的事。你肯定那是錯事，神也同意。你做了有罪的事，而犯罪要受到懲罰。但基督已經為你的罪受了懲罰。正因為這樣，神可以饒恕你。祂沒有忽略你做過的事。祂告訴你那些是罪；耶穌受死，正是因為這些罪，以及你犯過，或者將會犯的其他罪。

琴　：我想我明白這點，但我不能接受。從那時開始，我便不想得到神的愛或饒恕。我覺得自己不配得到這一切。

牧師：你這樣說也是完全正確的。你不配得到神的愛或饒恕。但無論你接受與否，神的愛和饒恕都已經賜給你。祂的確愛你。過去六個月，你被這些感受折磨，祂也和你一樣傷痛。我真的這樣相信。如果我在某程度上感受到你的痛苦，如果我和你一起受傷，那也只是耶穌在你的傷痛中和你緊密認同的一小部分。祂不是高高在上，憤怒地向你揮動指頭，希望你感到害怕。祂站在你身旁，和你一起哭，並希望你接受祂的愛和饒恕。

琴　：(哭泣) 我想我真的希望得到愛和饒恕，但我不認為我可以饒恕自己。

牧師：或許那是真正的問題所在。你因為自己所做的事而對自己感到那麼憤怒，以致不能忍受得到饒恕這個想法。

琴　：我感到憤怒。我感到討厭。我很難看著鏡子中的自己。因此，我不斷想，整件事只是一場惡夢。我以前以為我對自己的一切認識，現在都似乎成了謊言。我不知道我實際上是誰。我以前認識的自己肯定不會做那些事。

牧師：但正是在那方面，你錯了。我們所有人都可能犯不能想像的罪，或做不能想像的邪惡事情。因此，你告訴我的事情，沒有令我感到討厭。我知道我也可能做同樣的、甚至更壞的事。神知道人天生的罪性。我們犯罪令祂痛苦，但我絕對相信，那沒有令祂感到震驚。似乎神對你罪性的看法，比你更符合現實。

這節輔導在這段對話後不久結束。牧師在結束時為琴祈禱，祈求神向她保證祂對她的愛，幫助她接受神和她自己的饒恕。然後牧師給琴一冊用來配合本書使用的書籍，要求她閱讀這本書，看這本書對她在饒恕自己方面的掙扎有沒有幫助。牧師也建議琴思想一下，甚麼令她那麼特別，以致在所有活過、犯過罪的人中，只有她的罪嚴重得連基督的死也不能遮蓋。她同意思想這個問題，兩個星期後再和牧師見面。

評論：這明顯是一節相當重要的輔導。牧師感到很高興，因為她們終於找到琴問題的核心。在這節輔導，牧師表現出很高的技巧，以不帶判斷的方式向琴表達同情。琴知道自己做了錯事，不需要別人提醒她。經歷牧師的愛而不是審判，能夠幫助她接受神的愛。如果她要饒恕自己，她絕對需要首先接受神的饒恕。

第三節輔導

在第二和第三節輔導之間，牧師有兩次短時間見過琴。雖然她們沒有談及她們私下討論的那些事，琴說自己的情況已經好轉。她到教會接受第三節輔導時，以同樣的肯定開始。

琴　：我們上次談話後發生了很多事，我真的期待再和你見面。你給我的書對我很有幫助。我在幾天內看完，而且不時重看其中一些部分。對我幫助最大的是我離開前你說的話。你要我思想，我有甚麼特別，以致神不能饒恕我。最初聽到你那樣說時，我感到很憤怒。你好像沒有真正接受，我做的事是多麼壞。我不想你告訴我，我做的事沒有問題；我也知道你沒有這樣說。但當時聽到那句話，我真的有那種感覺。不過，我愈多思想你的話，愈明白我將自己放入世界最壞的罪人中一個特別的級別。我知道雖然我有那種感覺，但那不是事實。

牧師：你開始明白這點，我真的感到很高興。你做的事的確很糟，但那正是耶穌受死的原因。

琴　：我想我開始明白這點。我以前一直都覺得自己基本上是一個不錯的人。我不是說我沒有犯罪，但那些都不算是嚴重的問題。那個夏天肯定驅除了這個假象！我真的很壞。我相信承認這點，大大改變了我對自己的看法。

牧師：你這樣說是甚麼意思？

琴　：唔，我以前感到頗為自豪。我不是喜歡自己的一切，但我對大部分朋友都抱有一種道德優越感。如果他們做了我不贊同的事情，我便會暗地裏感到沾沾自喜。雖然我從來都不讓他們知道我的感受。

牧師：你可能也有點妒忌他們。

琴　：你可能是對的。我從沒有這樣想過，但現在已經沒有甚麼事能夠令我感到驚訝。(停下來) 事實上，我想你很可能是對的。我想我真的有點妒忌他們似乎享有的樂趣。但那真的令我憤怒。很多人都有性行為，卻一直都沒有懷孕。那似乎真的不公平。我的意思是，我只做了一次，卻遇到這種事。

評論：這時，牧師面臨一個重要決定：應否回應琴提出自己懷孕是否公平這個問題。她明智地決定不理會這個問題。不是因為問題不重要，而是因為這個問題似乎不是關鍵。如果琴對神的憤怒增強，牧師遲些可能需要處理這個問題。不過，現在牧師決定多聽一點關於琴發覺自己妒忌非基督徒朋友的事。

琴妒忌朋友的原因似乎是重要的。牧師希望幫助琴對自己的行為負責，對琴會有幫助。牧師的目標是，幫助琴明白，那不是在舞會那糟透的一晚，「一個念頭突然控制著她」那麼簡單。相反，琴作出了一連串決定，而這些決定源自那晚之前她的感覺和行為。雖然牧師的主要目標是幫助琴為了自己的行為饒恕自己，她也希望幫助琴從那件事中汲取教訓。單單說：「我永不會讓自己陷入那種景況」並不足夠。牧師希望琴能夠明白，她為甚麼令自己陷入那種境況，並透過更了解自己，將來可以避免自欺和惹麻煩。

牧師：讓我們回到你妒忌朋友這個問題。我認為這件事重要，是因為好像這種感受，可以是非常強烈的，特別是在你並不察覺的時候，這些感受可能會影響你的行為，甚至會超乎你的意識。我的意思是，我認為這些妒忌的感受是令你當晚惹上麻煩的重要原因。你同意嗎？

琴　：你的意思是，由於我暗地裏妒忌那些非基督徒同學似乎有的樂趣，才做出那些事？

牧師：大致是吧。

琴　：唔，可能是吧。但那有甚麼分別呢？

牧師：我認為那分別是相當大的。你是受到某種醉酒和性行為的惡魔攻擊，還是出於自己的選擇才做那些事？我這樣問，是要幫助你從已經發生的事情有所學習。你認為怎樣？

琴　：我想我明白你指甚麼。我想我需要說，我選擇做我所做的事。我不是經過深思熟慮，但如果我誠實的話，我必須說，我決定在那晚喝醉酒和放縱自己。我只是想放手試一次。所有人都似乎總是那樣做。我也想參與那行動。我厭倦了站在一旁。

牧師：那是非常誠實的自我評估。我很欣賞你能夠那麼坦白。我認為這是開始真正處理發生了的事情。

琴　：唔，我需要誠實。我厭倦了試圖欺騙自己和別人。我說我厭倦了扮作基督徒，正是這個意思。

牧師：你是時候變得更誠實了。但那並不表示你需要不再作基督徒。據我看來，更好的選擇是，嘗試做更誠實的基督徒，也就是首先和首要地對神誠實，然後對自己誠實，再對別人誠實。但學習這種誠實的地方是和神一起。對神誠實是在所有其他地方誠實的開始。

琴　：我確實想那樣做。你是對的。我對神和自己一直都不夠誠實。我曾經嘗試令自己看起來好像自己應該做的那樣。我記得有人說過，要成功便要「假裝直至弄假成真」。我十分明白這點。我一直都這樣看待基督徒生命。我從未想過還有甚麼其他選擇。但我開始感到，如果沒有其他選擇，我便不能肯定自己是否想做基督徒。

牧師：我真的很高興聽到你已經預備好放棄那種虛假的基督教。選擇是有的。你毋須「假裝直至弄假成真」。看見你願意開放自己，學習那另一個選擇是甚麼，令我感到很興奮。

評論：這是牧師作出的一系列很好的介入，顯示她是一位相當有技巧的輔導員。她能夠有高度的指導性，而且又頗勇於對質。她引入琴缺乏誠實這個問題時，尤其讓人看到她勇於對質。琴一直以那種「假裝直至弄假成真」的態度對待基督徒生命。當她願意放棄這種態度，牧師肯定她這種健康態度時，也表現得很有勇氣。有些基督徒輔導員在這時候會感到很膽怯，害怕一個人放棄信仰中的不健康成分時，也有完全放棄信仰的危險。雖然這個危險總是存在的；但滿足於好像琴描述的那種病態的信仰，付出的代價卻相當高。牧師正確地指出，琴不是厭倦了基督教，而是厭倦了自己以不誠實的方式作基督徒。

這個討論繼續進行了十分鐘。牧師認為，琴至少清楚明白，在神面前誠實地過活大概是怎樣，於是便嘗試回到饒恕這個問題。

牧師：學習在自己的感覺方面，對神和自己誠實，不會一蹴而就。但不要讓自己滿足於任何次等的東西。次等的東西都不屬於基督教。但基督徒生命另一個必不可少的部分，是接受對我們的罪的饒恕。我想和你再討論這個問題，聽聽在因為你所做的事而接受饒恕這方面，你感到自己現在處於甚麼位置。

琴　：唔，我求過神饒恕我，我想祂也已經饒恕了我。但我在饒恕自己方面仍然做得不大好。

牧師：讓我們從你能夠接受的饒恕開始吧。那包括甚麼？

琴　：決定嘗試放縱自己。我相信神已經饒恕了我這件事。

牧師：還有甚麼？

琴　：我想也包括喝醉酒，甚至包括有性行為。但我不能接受的是墮胎。那是我感到最糟的部分。那是我不能饒恕自己，也不能要求神饒恕的部分。

牧師：正如我之前問過，甚麼令那罪那麼可怕，甚至連耶穌的死也不能夠遮蓋？

琴　：問題不在那裏。我想神可以饒恕我那罪。但我不能饒恕自己。我不能要求祂饒恕。我一生都反對墮胎。我就是不接受墮胎。但看我做了甚麼。我是那麼虛偽。那是我不能容忍的。

牧師：你討厭虛偽，也是完全正確的。耶穌在世上時也是這樣。但重點不在那裏。重點不是你是否虛偽，而是你要怎樣處理它。記得我說過，無論你做甚麼，都不能使神感到驚訝嗎？虛偽或任何其他罪都不能令祂驚訝。祂只是要求我們犯了罪後求祂饒恕，並求祂幫助我們，在將來對抗那些罪。祂沒有期望我們不犯罪。如果我們不犯罪，耶穌也毋須死。

琴　：但我就是不能饒恕自己。

牧師：不能還是不願意？

琴　：或許是不願意。

牧師：為甚麼你不容許自己為自己做過的事經歷饒恕？

琴　：我想我感到自己需要接受懲罰。

牧師：我想那正是問題所在。你想為自己的罪作出補償。你抗拒讓耶穌為你付代價這個觀念。你想如果你至少付出一點東西，便會好過一點。或許你以為至少多花一點時間感到痛苦，也可以在某程度上補償你所做過的事。

琴　：你這樣説聽起來相當可笑，但這卻和我的感受很接近。我就是感到，我需要為自己所做的事付一點代價。

牧師：問題是，對你做過的事的懲罰，遠遠比你明白的重得多。對任何罪的懲罰都不止是一段時間感到糟透，甚至不是行善或在餘生放棄一些自己渴求的事物。對罪的懲罰是死。那是對任何罪的懲罰，即使你只犯過一次罪。

琴　：唔，我肯定曾經感到，自己準備接受這個懲罰。那件事剛發生後，我真的想過自殺，雖然現在我已經打消了這個念頭。但我當時樂意接受那個懲罰。

牧師：不過，問題是，你為自己贖罪的努力是沒有用的。正因為這樣，你需要完全依賴神的憐憫，並接受祂的饒恕。

琴　：唔，和我上次與你見面時相比，我和接受饒恕的距離已經縮短了很多。但那真的很困難，要停止為了自己所做的事懲罰自己，真的很困難。

牧師：我也知道。

這一節輔導在以上談話後不久結束。牧師再次鼓勵琴繼續閱讀那本有關饒恕的書，並建議她研究幾段聖經經文。牧師也提議琴考慮自己要做甚麼，來解決自己和被自己造謠中傷的阿普爾之間的問題。琴同意在下一節輔導前思想這個問題。她們定了下一節輔導在四個星期後進行。牧師建議她們進行下一節輔導時，將那一節當為最後一節來處理。但牧師也表示，如果她們認為還需要多一節輔導，也沒有問題。

評論：這一節有很好的成果。琴在為自己做過的事接受饒恕方面有實質的進展。她也採取了一些明確的步驟，從整件事件中汲取教訓。她的信心似乎增強了，她和神的關係也變得健康了。

牧師決定再討論琴和阿普爾的關係也是好的。處理過去始於個人和神，但往往也涉及其他人。在琴的個案，牧師強烈感到，如果琴真的要踏出重要的一步，不單要解決過去的問題，也要朝更誠實和正直的將來邁步，她便需要尋求阿普爾的饒恕。

第四節輔導

第四節輔導開始時，琴表示她想了很多她們上次討論過的事情，那一切都很有意思。她也說，經過很多反省後，她決定找阿普爾傾談，而且已經在上星期付諸行動。雖然她懷著深深的恐懼這樣做，但阿普爾似乎明白她，也饒恕了她。琴沒有告訴阿普爾自己曾經墮胎，但卻告訴了她，自己一直都妒忌她。她們的見面似乎對琴產生了很大的醫治作用。牧師不知道這件事對阿普爾有甚麼影響，但她透過青少年小組認識阿普爾，她希望阿普爾會主動和她討論這件事。

接著琴表示，要處理墮胎那件事卻困難得多。牧師問她這樣說是甚麼意思。

琴　：我的意思只是，我對自己所做的事感到可怕。我不斷想起那件事；不斷想起那條被我殺死的小生命。我不知道他或她的樣子怎樣。如果我成為母親，會有甚麼感受。我對自己所做的事真的感到憂傷。

牧師：我覺得你對那墮胎的感受，和我們上次見面時有點不同。那時我覺得你主要是因為自己所做的事而對自己感到憤怒。你感到自己需要受到懲罰，需要贖罪。現在你卻顯得憂傷。

琴　：我想我真的很迷惘。這些感覺我都有，雖然最近我主要感到的是憂傷。

牧師：詳細一點告訴我吧。

琴　：我只是感到憂傷，心裏充滿悔疚。當時我想，懷孕絕對是我遇到的最壞事情。現在，有時我希望自己當時留下了那小生命。我想我可能會喜歡他／她。我知道他／她會改變我的生命，但我能夠應付那件事，也可能會喜歡那小生命。或許我當時應該這樣做。

牧師：那是我們很難知道的。而且在事情發生後再作其他猜測也無補於事。我覺得你正在經歷哀傷。直至不久前，你一直都只容許自己對自己感到憤怒。但你蒙受損失，而且很可能失去了好些東西。在不只一方面，你失去了自己的某些部分。我覺得你現在開始為那些損失而感哀傷。

琴　：你用那個字眼實在有趣。我只是在過去一星期才開始這樣形容那感覺。我感到好像失去了甚麼。我真的感到憂傷。

牧師：讓我們談談你失去甚麼吧。你會怎樣形容你在這經驗中失去的東西？

琴　：唔，首先我失去了我的童年，和我的純真。在一夜之間，我失去了貞操；在大約一個月內，我在墮胎時失去所有殘存的純真。一切都發生得那麼快。我希望可以回到春天，重新過過去那八個月。我做一切事情的方式都會相當不同。

牧師：我肯定你會。讓我們繼續討論你還失去了甚麼吧。

琴　：(停下來) 我想我也失去了我的聲譽。不是所有人都知道我做了甚麼，但很多人都知道，那晚我完全失去理智。而和我約會的里克 (Rick) 也知道我和他發生性行為。自從那件事以後，我再沒有見過他，令我感到很高興。我不認為我能夠面對他。在事情發生後一個星期，他到另一個州做暑期工，在九月去了東岸升讀大學。如果我幸運的話，我永遠都不會再遇見他。

牧師：你說自己失去了聲譽是甚麼意思？

琴　：我以前的聲譽很好。但現在已經不同了。人們知道我不是我假裝的好人。

牧師：但那是真的。你不是你假裝的人。

琴　：但我做了基督徒不應該做的事。我損害了神的聲譽，而不單是我自己的聲譽。

牧師：那是一件不同的事，而且是很重要的一點。那是應該為之感到難過的事。

琴　：我的確感到難過，也曾經求神為此而饒恕我。但我仍然為自己的行為感到難過。

牧師：你還失去了甚麼？

琴　：一個嬰孩。那是完全沒有意義的。但正如我說，我真的因為殺死了那小生命而感到憂傷。(開始哭起來)有時我夢見一些嬰兒。以前我從不會這樣，但我發覺現在我會想到他們。如果我在外面看到一位女士和嬰兒一起，便會感到很憂傷。我也會因而想起我曾經懷有的嬰兒，於是我便感到更糟。

評論：這個討論令牧師清楚知道，琴正在經歷哀傷。這種哀傷是由過去幾個月的事件的損失帶來的。牧師也感到自己不能在這一節輔導幫助琴處理這些感受。她得到一個正確的結論，要處理這些問題需要更多節輔導，這種工作和她們這裏的焦點(集中於饒恕和從那經驗中學習)相當不同，需要開展新的輔導計劃。因此，她決定建議琴見另一位輔導員，和那位輔導員一起處理這些問題。這樣可以讓牧師結束她們一起處理、有關饒恕的問題，而不會讓這個焦點因為進而討論其他問題而變得模糊，即使那些問題和這個焦點有關連。

牧師提議轉介琴給另一位輔導員。令她感到驚訝的是，琴對這個建議持開放態度。牧師告訴琴，她有一位朋友在附近一間基督教輔導中心工作，是處理哀傷的專家。她很樂意為琴安排轉介和幫助她開始接受那位朋友輔導。琴表示同意。但問牧師，這是否表示她不會和牧師再見面。

牧師：當然不是！事實上，我希望我們可以不時見面，讓你告訴我事情的進展。但我感到我們正在結束定期的輔導。我感到我們一起努力的階段已經到了尾聲。但我的確希望我們可以保持緊密聯絡。你認為這樣好嗎？

琴　：那似乎很好。我也喜歡和你傾談。畢竟沒有人好像你那麼了解我。

牧師：我們就這樣決定吧。但在結束前，我想和你回顧一下我們從那裏開始，看看還有沒有其他需要處理的問題未解決。我想要求你回想在多個星期前，我們第一次見面時的情況，並告訴我你學到甚麼。你也要告訴我，甚麼事情變好了，甚麼事情沒有改變；你最好也告訴我，有沒有甚麼事情變差了！(笑起來)

這樣她們便一起回顧大家一起的時間。琴表示她開始接受和感受到神的饒恕。而大部分時間，她都預備好為了自己做過的事情饒恕自己。然後她詳細談及自己學會怎樣更誠實地和別人交往。她發覺這是困難的，但大部分時間，這樣做都比她以往的做法更能夠給她滿足。她表示自己的禱告也變得誠實和真實得多；而神也顯得更真實。

當牧師問她現在是否更喜歡自己(這一直都是主要的問題)時，琴表示她不肯定她是否更喜歡自己，但她喜歡事情發展的方向。接著她繼續討論她的憂傷。

這時，牧師感到用餘下那麼短的時間探討這些感受沒有甚麼好處；因此，她決定嘗試給琴一點希望，讓她可以繼續處理這些問題，然後結束這節輔導。牧師問琴可否和她一起禱告。於是她們便一起祈禱，然後她們彼此擁抱，並同意在琴和新輔導員完成第一節輔導後不久，便在她們第一次見面那間餐廳會面。琴需要負責在確定第一次到輔導中心的日期後，和牧師預約在甚麼時候見面。她離開時，對這些安排都感到頗為滿意。

評論：有些讀者可能會感到牧師不應該將琴轉介給別人，而應該因為有需要而繼續輔導琴。讓我們研究一下牧師這樣做的原因。首先，她知道有人至少可以和她同樣出色地提供琴所需要的輔導，而且很可能做得比她更好；其次，這樣做可以容許她重拾作為琴的牧者這個角色。當她和琴進行密集的輔導時，很難兼顧牧者對琴的慣常責任。南希牧師在教會遇到琴時，往往感到有點尷尬。她們應該提到她們私下進行的工作？還是裝作那件事情沒有發生？這總令她們進退維谷，而輔導總有可能令牧者在牧養的其他方面和會友接觸時，使情況變得複雜。

在其他情況，牧師將焦點轉移，開始處理哀傷這個問題，可能是恰當的。不過，如果她這樣做，最好是先結束現時的輔導，暫停一段時間，然後再定下新的時限，開始處理新的問題。

牧養輔導員必須不斷提防將短期輔導關係延長為一直持續下去的長期輔導。如果輔導進展良好，很少受導者會反對這種改變。因此，將這種轉變減到最低的努力，必須由輔導員承擔。時間壓力和牧者的多重身分令這份警惕變得十分重要。這個個案顯示了牧者可以怎樣維持短期有效的輔導。

緊扣時代 服事教會

以文字傳揚基督真道

讀者意見表

衷心多謝你購買本社書籍。本社一直致力以出版事工服事教會，幫助信徒扎根於神的話語，促進靈命增長。為使我們的出版更能滿足你的需要，請填寫下列各項資料，並寄回或傳真予本社。

所購書籍：________________

本書最吸引你的地方：

□作者　□適切性　□文筆　□設計　□實用性

□其他：________________

購買本書地點：

□基道書樓　□基督教書店　□非基督教書店

性別：□男　□女　職業：________________

信仰：□基督徒　□非基督徒

年齡：□16歲或以下　□17～25歲　□26～35歲

□36～55歲　□56歲或以上

學歷：□中三或以下　□中五　□預科

□大學　□研究院

□我欲更多了解基道出版社的事工及考慮支持，請寄給我下列資料：

□機構簡介　□新書資料　□基道會員通訊

□《基道文字事工通訊》

姓名：________________ 電話：________________

地址：________________

____

傳真：________________ 電子郵件：________________

其他意見：________________

____

多謝賜教！

基道出版社

意見表可以傳真（2687-0281）或直接郵寄以下地址：

香港沙田火炭坳背灣街26號富騰工業中心1011室

基道出版社編輯部收